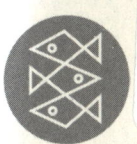

Molière

Der eingebildete Kranke
Der Geizige

Dramen

Fischer Taschenbuch Verlag

Originalausgabe

Veröffentlicht im Fischer Taschenbuch Verlag,
einem Unternehmen der S. Fischer Verlag GmbH,
Frankfurt am Main, Juni 2008

Für diese Ausgabe:
© 2008 Fischer Taschenbuch Verlag, in der
S. Fischer Verlag GmbH, Frankfurt am Main
Satz: Dörlemann Satz, Lemförde
Druck und Bindung: Clausen & Bosse, Leck
Printed in Germany
ISBN 978-3-596-90067-1

Unsere Adressen im Internet:
www.fischerverlage.de
www.fischer-klassik.de

Inhalt

Der eingebildete Kranke
7

Der Geizige
87

Editorische Notiz
175

Daten zu Leben und Werk
177

Aus Kindlers Literatur Lexikon:

Molière,
›Der eingebildete Kranke‹
183

Molière,
›Der Geizige‹
187

Der eingebildete Kranke

Komödie in 3 Aufzügen

Personen

ARGAN
BELINDE, dessen zweite Frau
ANGELIQUE, Argans Tochter
LOUISON, ihre kleine Schwester
BERALDE, Argans Bruder
CLÉANTE
Dr. DIAFOIRUS
THOMAS DIAFOIRUS, dessen Sohn
Dr. PURGON, Argans Arzt
FLEURANT, Apotheker
HERR DE BONNEFOI, Notar
TOINETTE, Argans Dienstmädchen

Szene:
Paris, Zimmer des Herrn Argan

Von den drei Zwischenspielen veröffentlichen
wir nur das dritte

Erster Akt

Erste Szene

ARGAN

ARGAN *(sitzt vor einem Tisch und reduziert mit Spielmarken die Rechnung seines Apothekers)*: Drei und zwei sind fünf, und fünf sind zehn, und zehn sind zwanzig; drei und zwei sind fünf. – »Item, den vierundzwanzigsten ein insinuatives, präparatives und erweichendes kleines Klistier für Herrn Argan, zur Schmeidigung, Anfeuchtung und Erfrischung der Eingeweide Wohldesselben.« Was mir an Herrn Fleurant, meinem Apotheker, besonders gefällt, ist, daß seine Rechnungen immer so höflich stilisiert sind. »Zur Erfrischung der Eingeweide Wohldesselben; dreißig Sous.« Ja; aber mein lieber Herr Fleurant, es ist nicht genug, daß man höflich sei; man muß auch billig sein und die Kranken nicht schinden. Ein Klistier dreißig Sous! – Gehorsamer Diener, das habe ich Euch schon gesagt; Ihr habt mir's in anderen Rechnungen mit zwanzig Sous angesetzt, und zwanzig Sous in der Apothekersprache bedeuten zehn; schreiben wir also zehn Sous. »Item, von selbigem Dato, ein gutes purifizierendes Klistier, nach Vorschrift zusammengestellt aus doppeltem Catholicon, Rhabarber, Rosenhonig und andern Ingredienzen, um Herrn Argans Unterleib auszufegen, zu spülen und zu reinigen, dreißig Sous.« Mit Eurer Erlaubnis, zehn Sous. »Item, von selbigem Dato ein hepatischer, soporativer und schlafbringender Julep, um Herrn Argan Nachtruhe zu verschaffen, fünfunddreißig Sous.« Gegen den Julep will ich nichts sagen, denn ich schlief vortrefflich danach. Zehn, fünfzehn, sechzehn, siebzehn Sous und sechs Deniers. »Item, den fünfundzwanzigsten, eine gute, reinigende und stärkende Mixtur, bestehend aus frischer Quassia nebst levantischen Sennesblättern und andern Ingredienzen nach der Verordnung des Herrn Dr. Purgon, um Herrn Argan die Galle auszuscheiden und zu vertreiben, vier Livres.« Ei, mein guter Herr Fleurant, das heißt die Leute zum besten haben; man muß leben und leben lassen. Herr Purgon hat Euch nicht geheißen, vier Livres anzuschreiben: seid so gut und setzt drei Livres. Zwanzig und dreißig Sous. »Item, vom nämlichen dato, ein anodiner adstringierender Trank, um Herrn Argan eine wohlschlafende Nacht zu verschaffen, fünfunddreißig Sous.« Gut; zehn und fünfzehn Sous. »Item, am sechsundzwanzigsten, ein karminatives Klistier, um Herrn Argan die Blähungen zu vertreiben, dreißig Sous.« Zehn Sous, Herr Fleurant. »Item, Herrn Argans Klistier, am Abend wiederholt, wie oben, dreißig Sous.« Zehn Sous, Herr Fleurant! »Item, am siebenundzwanzigsten, eine wohltätige Medizin, um den Stuhlgang zu beschleunigen und Herrn Argan von seinen bösen Säften zu befreien, drei Livres.« Gut, zwanzig und dreißig Sous: es freut mich, daß Ihr so billig seid. »Item, am achtundzwanzigsten, eine Portion abgeklärter und versüßter Molken, um Herrn Argan das Blut zu mildern, zu besänftigen, abzukühlen und zu erfrischen, zwanzig Sous.« Gut, schreiben wir zehn Sous. »Item, ein herzstärkender und präservativer Trank, versetzt mit zwölf Gran Bezoar, Syrup von Limonen und Granatäpfeln und allerlei andern Zutaten, nach Vorschrift, fünf Livres.« Sachte, sachte, mein lieber Herr Fleurant, wenn's gefällig ist; wenn Ihr so mit den Leuten umgeht, wer wird denn da noch krank sein wollen? – Begnügt Euch mit vier Franken; zwanzig und vierzig Sous. Drei und zwei macht fünf, und fünf macht zehn, und zehn macht zwanzig; dreiundsechzig Livres vier Sous sechs Deniers. Folglich hätte ich denn in diesem Monat gebraucht: eine, zwei, drei, vier, fünf, sechs, sieben, acht Mixturen, und eins, zwei, drei, vier, fünf, sechs, sieben, acht, neun, zehn, elf, zwölf Klistiere; und letzten Monat waren's zwölf Mixturen und zwanzig Klistiere. Da ist's freilich kein Wunder, wenn ich mich diesen Monat weniger wohl fühle als den vorigen. Ich muß es Herrn Purgon sagen, damit er beizeiten vorbeugt. Heda! – Räumt mir das alles hier weg. *(Er bemerkt, daß niemand im Zimmer ist)* **Niemand hier!** – Ich mag noch so viel sagen, sie lassen mich immer allein; da hilft nichts, sie lassen sich nicht halten. *(Nachdem er mit einer Handklingel geschellt)* Niemand hört mich, und meine Klingel ist nicht laut genug. *(Er schellt wieder)* Sie sind alle taub! – Toinette! *(Schellt abermals)* Grade als ob ich gar nicht klingelte. Spitzbübin! Galgenbrut! *(Er schellt)* Aus der Haut möchte man fahren! – *(Er schellt nicht mehr, sondern schreit aus allen Kräften)* Klingling ling ling ling ling! – Zum Teufel mit dir, du, Rabenaas! Ist's denn erhört, einen armen Kranken so allein zu lassen? – Klingling ling ling ling ling! – Das ist doch wahrhaftig zum Erbarmen! Klingling ling ling! Ach, du lieber Gott! Sie werden mich hier sterben lassen! – Klingling ling! –

Zweite Szene

ARGAN. TOINETTE.

TOINETTE: Ich komme schon! –

ARGAN: Warte, du Racker! Warte, du Spitzbübin! –

TOINETTE *(stellt sich, als habe sie sich an den Kopf gestoßen)*: Zum Teufel mit Eurer Ungeduld! – Ihr hetzt einen so ab, daß ich mir draußen einen gewaltigen Stoß mit der Stirn gegen einen Fensterladen gegeben habe.

ARGAN *(zornig)*: Ah, du Ausbund! …

TOINETTE *(unterbricht ihn)*: Au! –

ARGAN: Es ist schon …

TOINETTE: Au! –

ARGAN: Schon wenigstens eine Stunde, …

TOINETTE: Au! –

ARGAN: Daß ich hier allein …

TOINETTE: Au! –

ARGAN: Schweig doch, Spitzbübin; ich will mit dir zanken.

TOINETTE: Nun ja, bei meiner armen Seele! Da kämt Ihr mir eben recht, nachdem ich mir just so weh getan habe!

ARGAN: Muß ich mir deinetwegen den Hals abschreien, du Racker?

TOINETTE: Und ich habe mir Euretwegen den Kopf zerstoßen; das ist wohl eines so schlimm als das andere. Wenn's Euch gefällig ist, wollen wir's miteinander aufgehen lassen.

ARGAN: Was, du Spitzbübin ...

TOINETTE: Wenn Ihr zanken wollt, so fange ich an zu weinen.

ARGAN: Mich so allein zu lassen, du nichtsnutziges Ding ...

TOINETTE: Au! –

ARGAN: Was! Du Kröte, du willst ...

TOINETTE: Au! –

ARGAN: Was! Soll ich auch nicht einmal die Freude haben, sie auszuzanken?

TOINETTE: Zankt nur immer, soviel Ihr Lust habt, ich bin's zufrieden.

ARGAN: Du läßt mich ja gar nicht dazu kommen, du Wetterhexe; du fällst mir alle Augenblicke in die Rede.

TOINETTE: Wenn Ihr die Freude habt zu zanken, so ist's doch nicht als mehr billig, daß ich mir das Vergnügen mache zu weinen. Jedem das Seine, so gehört sich's. Au!

ARGAN: Mag's denn sein; man muß sich in alles ergeben. Nimm das alles weg, Spitzbübin; nimm alles weg. *(Er steht auf)* Hat mein Klistier heut gut operiert?

TOINETTE: Euer Klistier?

ARGAN: Ja. Ist viel Galle abgegangen?

TOINETTE: Meiner Treu, das sind Sachen, mit denen ich mich nicht abgebe. Das ist für Herrn Fleurants Nase; der hat den Profit davon.

ARGAN: Laß mir eine Tasse mit Fleischbrühe parat stellen, wenn ich das nächste nehmen werde.

TOINETTE: Dieser gute Herr Fleurant und der liebe Herr Purgon machen sich recht lustig über Eure Person;. sie haben an Euch eine gute melkende Kuh gefunden, und ich möchte sie wohl einmal fragen, was Euch denn eigentlich fehlt, daß sie Euch soviel verschreiben.

ARGAN: Schweig, du unwissendes Ding; es kommt dir nicht zu, die Verordnungen der Ärzte zu kritisieren. Meine Tochter Angelique soll herunterkommen; ich habe ihr etwas zu sagen.
TOINETTE: Da kommt sie schon von selbst; sie hat Eure Gedanken erraten.

Dritte Szene

ARGAN. ANGELIQUE. TOINETTE

ARGAN: Tritt näher, mein Kind; du kommst gerade recht; ich habe mit dir zu sprechen.
ANGELIQUE: Ihr dürft nur reden, mein Vater.
ARGAN: Warte! – *(Zu Toinette)* Geschwind, meinen Stock! Ich bin gleich wieder da.
TOINETTE: Sputet Euch, sputet Euch, Herr Argan; Herr Fleurant macht uns zu schaffen.

Vierte Szene

ANGELIQUE. TOINETTE

ANGELIQUE: Toinette! –
TOINETTE: Was?
ANGELIQUE: Sieh mich einmal an!
TOINETTE: Nun ja, das tue ich.
ANGELIQUE: Toinette!
TOINETTE: Ja doch! Was denn, Toinette!
ANGELIQUE: Rätst du nicht, wovon ich sprechen will?
TOINETTE: Ich kann mir's schon denken; von unserm jungen Liebhaber; denn seit sechs Tagen ist von nichts anderem die Rede, und es fehlt Euch etwas, wenn Ihr nicht jeden Augenblick von ihm erzählen könnt.
ANGELIQUE: Wenn du das weißt, warum fängst du denn nicht

gleich zuerst von ihm an? Und warum ersparst du mir nicht die Mühe, dich auf diesen Diskurs zu bringen?

TOINETTE: Ihr laßt mir ja gar nicht die Zeit dazu und sorgt schon dafür, daß man Euch nicht zuvorkommen kann.

ANGELIQUE: Ich gestehe dir, ich kann es nicht müde werden, von ihm zu sprechen, und sehne mich nach jedem Augenblick, wo ich dir mein Herz ausschütten kann. Sage mir aber, Toinette, tadelst du denn meine Neigung für ihn?

TOINETTE: Behüte!

ANGELIQUE: Habe ich unrecht, mich diesem süßen Gefühl hinzugeben?

TOINETTE: Wer sagt denn das?

ANGELIQUE: Oder verlangst du, daß ich für die zärtlichen Beteuerungen seiner feurigen Leidenschaft gleichgültig bleibe?

TOINETTE: Das wolle Gott nicht!

ANGELIQUE: Sag mir doch, findest du nicht auch in der wunderbaren Art, wie wir unsere Bekanntschaft gemacht haben, etwas Verhängnisvolles und einen Fingerzeig des Himmels?

TOINETTE: Ja.

ANGELIQUE: Findest du nicht, daß die Art, wie er meine Verteidigung übernahm, ohne mich zu kennen, ein durch und durch edles Herz beweist?

TOINETTE: Ja.

ANGELIQUE: Daß man nicht großmütiger handeln konnte?

TOINETTE: Gewiß!

ANGELIQUE: Und daß er sich dabei mit dem feinsten Anstand betrug?

TOINETTE: Jawohl!

ANGELIQUE: Findest du ihn nicht auch sehr hübsch gewachsen, Toinette?

TOINETTE: Versteht sich!

ANGELIQUE: Und von angenehmstem Äußern?

TOINETTE: Ohne Frage.

ANGELIQUE: Hat nicht alles, was er sagt und was er tut, einen gewissen Adel?

TOINETTE: Das ist sicher.

ANGELIQUE: Kann man sich leidenschaftlicher und liebevoller ausdrücken, als er in jedem seiner Worte?

TOINETTE: Unmöglich!

ANGELIQUE: Und gibt es wohl etwas Unerträglicheres als den Zwang, in dem man mich hält, der jede Äußerung unserer gegenseitigen Zärtlichkeit verbietet?

TOINETTE: Ihr habt ganz recht.

ANGELIQUE: Aber, meine gute Toinette, glaubst du auch, daß er mich wirklich so liebt, wie er sagt?

TOINETTE: Ja seht, das sind Dinge, die man nicht immer verbürgen kann. Die Verstellung in der Liebe sieht mitunter der Wahrheit täuschend ähnlich; und ich habe Leute gekannt, die in diesem Punkt große Komödianten waren.

ANGELIQUE: Ach, Toinette, was sagst du da! So wie er spricht, wäre es da möglich, daß er nicht die Wahrheit sagte?

TOINETTE: Ihr werdet jedenfalls darüber bald im klaren sein; und sein Entschluß, von dem er Euch gestern schrieb, um Eure Hand anhalten zu lassen, ist das sicherste Mittel, Euch zu überzeugen, ob er's aufrichtig meint oder nicht. Das wird der beste Beweis sein.

ANGELIQUE: Ach, Toinette, wenn der mich betrügt, so glaube ich in meinem ganzen Leben keinem Manne mehr!

TOINETTE: Da kommt Euer Vater wieder.

Fünfte Szene

ARGAN. ANGELIQUE. TOINETTE

ARGAN: Also denn, mein Kind, ich habe dir eine Neuigkeit mitzuteilen, die du dir vielleicht nicht vermutest. Es hat jemand um dich angehalten. Wie! – Du lachst? – Ja, ja, das Wort Heirat gefällt dir; es klingt allen jungen Mädchen gut. Oh, Natur! Natur! – Wie ich sehe, meine liebe Tochter, habe ich nicht nötig, dich erst zu fragen, ob du etwas dagegen hast.

ANGELIQUE: Ich muß alles tun, Herr Vater, was Euch gefällig sein wird, mir zu befehlen.
ARGAN: Es freut mich, daß ich eine so gehorsame Tochter habe. Die Sache ist also abgemacht, und ich habe dich versprochen.
ANGELIQUE: Es ist meine Schuldigkeit, Herr Vater, Eurem Willen in allem blindlings zu folgen.
ARGAN: Meine Frau, deine Stiefmutter, hatte im Sinne, ich solle dich in ein Kloster schicken, dich und deine kleine Schwester Louison; sie war von jeher darauf erpicht.
TOINETTE *(beiseite)*: Die liebe Seele hat ihre guten Ursachen.
ARGAN: Sie wollte in diese Heirat nicht willigen; ich habe es aber durchgesetzt und mein Wort gegeben.
ANGELIQUE: Ach, mein Vater, wie danke ich Euch für alle Eure Güte! –
TOINETTE *(zu Argan)*: Wahrhaftig, das freut mich von Euch, und Ihr habt in Eurem ganzen Leben nichts Klügeres getan.
ARGAN: Ich habe deinen Zukünftigen noch nicht gesehen: aber man sagt mir, ich würde mit ihm zufrieden sein, und du ebenfalls.
ANGELIQUE: Ja, gewiß mein Vater.
ARGAN: Wie! Kennst du ihn denn schon?
ANGELIQUE: Weil Eure Zustimmung mir erlaubt, Euch mein Herz zu eröffnen, so darf ich Euch nicht verschweigen, daß der Zufall uns vor sechs Tagen zusammengeführt hat, und daß sein Antrag eine Folge der Zuneigung ist, die wir vom ersten Augenblick an füreinander gefaßt haben.
ARGAN: Das hatten sie mir nicht gesagt; aber es ist mir lieb zu hören, und um soviel besser so. Sie versichern mir, es sei ein langer, hübscher junger Mensch.
ANGELIQUE: Ja, Herr Vater.
ARGAN: Gut gewachsen.
ANGELIQUE: Jawohl.
ARGAN: Von angenehmem Wesen.
ANGELIQUE: Ganz recht.
ARGAN: Eine gute Physiognomie. –

ANGELIQUE: Eine sehr gute!
ARGAN: Verständig, und von guter Familie. –
ANGELIQUE: Ja, das ist er.
ARGAN: Sehr höflich, –
ANGELIQUE: Der höflichste Mensch von der Welt.
ARGAN: Soll gleich gut lateinisch und griechisch sprechen. –
ANGELIQUE: Davon weiß ich nichts.
ARGAN: Und wird in drei Tagen sein Diplom als Doktor der Medizin erhalten.
ANGELIQUE: Er, mein Vater?
ARGAN: Ja. Hat er dir's nicht gesagt?
ANGELIQUE: Nein, wahrhaftig. Wer hat Euch das aber erzählt?
ARGAN: Herr Doktor Purgon.
ANGELIQUE: Kennt Doktor Purgon ihn denn?
ARGAN: Schöne Frage! Er muß ihn ja wohl kennen, weil er sein Onkel ist.
ANGELIQUE: Cléante wäre Herrn Purgons Neffe?
ARGAN: Was für ein Cléante? Wir sprechen von dem, der um dich hat anhalten lassen.
ANGELIQUE: Ganz recht!
ARGAN: Nun also! Und der ist Herrn Purgons Neffe; der Sohn seines Schwagers, des Doktors Diafoirus; selbiger Sohn heißt aber Thomas und nicht Cléante; und wir haben diese Heirat heut morgen zusammen verabredet, Herr Purgon, Herr Fleurant und ich: morgen soll mein zukünftiger Schwiegersohn mir von seinem Vater vorgestellt werden. Was ist dir denn? du bist ja ganz außer Fassung?
ANGELIQUE: Ach, bester Vater, ich sehe, Ihr habt von ganz einem andern gesprochen, als an den ich dachte! –
TOINETTE: Wie, Herr Argan, hättet Ihr wirklich einen so närrischen Gedanken gehabt? Und wolltet mit Eurem vielen Gelde Eure Tochter an einen Arzt verheiraten?
ARGAN: Ja. Was hast du dareinzureden, du unverschämte Spitzbübin?
TOINETTE: Sachte, sachte, Herr Argan. Ihr fangt gleich mit

Schimpfworten an. Können wir denn nicht miteinander reden, ohne uns zu ereifern? – So, laßt uns die Sache einmal ganz gelassen betrachten. Was habt Ihr für einen Grund, wenn's Euch gefällig ist, diese Heirat zu wünschen?

ARGAN: Was für einen Grund? Schwach und kränklich wie ich bin, will ich einen Arzt zum Schwiegersohn und Ärzte zu Verwandten haben, um mir zuverlässigen Beistand gegen meine Krankheit zu sichern; um die Quellen zu den Mitteln, die mir verschrieben werden, in meiner Familie zu wissen und um die Konsultationen und Verordnungen immer bei der Hand zu haben.

TOINETTE: Sehr gut! Das nenne ich wenigstens einen Grund anführen, und es ist ein Vergnügen, sich einer mit dem andern in aller Sanftmut zu besprechen. Aber, mein bester Herr, antwortet mir einmal auf Ehre und Gewissen: seid Ihr krank?

ARGAN: Was, du Spitzbübin, ob ich krank bin? Ob ich krank bin, du unverschämte Kreatur?

TOINETTE: Ei nun ja, Herr Argan, Ihr seid krank; darüber wollen wir nicht miteinander zanken. Ja, Ihr seid sehr krank, das gebe ich zu, und kränker als Ihr denkt: damit wären wir fertig. Aber Eure Tochter soll einen Mann für sich nehmen; und da sie nicht krank ist, scheint mir's nicht nötig, ihr einen Arzt auszusuchen.

ARGAN: Es ist ja auch meinetwegen, daß ich ihr diesen Arzt ausgesucht habe; und eine wohlgeartete Tochter sollte sich freuen, wenn sie für die Gesundheit ihres Vaters heiraten kann.

TOINETTE: Meiner Seel, Herr Argan; dazu kann ich nicht schweigen: wollt Ihr, daß ich Euch als Freundin einen Rat gebe?

ARGAN: Laß einmal hören!

TOINETTE: Daß Ihr an diese Heirat nicht denken sollt.

ARGAN: Und der Grund?

TOINETTE: Der Grund? – Weil Eure Tochter nicht darin einwilligen wird.

ARGAN: Sie wird nicht einwilligen?

TOINETTE: Nein.

ARGAN: Meine Tochter?

TOINETTE: Eure Tochter. Sie wird Euch sagen, daß sie weder von Herrn Diafoirus, noch von seinem Sohne, Herrn Thomas Diafoirus, noch von allen Diafoirus der ganzen Welt das mindeste wissen will.

ARGAN: Aber ich will etwas von ihnen wissen, ich; und überdem ist die Partie viel besser als man denkt. Herr Diafoirus hat nur den einen Sohn zum Erben; Herr Purgon, der weder Weib noch Kind hat, verschreibt diesem um seiner Heirat willen sein ganzes Vermögen; und Herr Purgon ist ein Mann, der sich auf volle achttausend Franken jährlicher Renten steht.

TOINETTE: Der muß eine hübsche Menge von Menschen umgebracht haben, daß er so reich geworden ist!

ARGAN: Achttausend Franken Renten wollen etwas sagen; und dazu noch das Vermögen des Vaters! –

TOINETTE: Herr Argan, das ist alles recht schön und gut: aber ich bleibe doch dabei: ich rate Euch unter uns, sucht ihr einen andern Mann aus; sie ist nicht dazu gemacht, Madame Diafoirus zu werden.

ARGAN: Ich will es aber so.

TOINETTE: I pfui! Sagt doch das nicht!

ARGAN: Was! Ich soll das nicht sagen?

TOINETTE: I nein! –

ARGAN: Und warum soll ich's nicht sagen?

TOINETTE: Weil man behaupten wird, Ihr wüßtet nicht, was Ihr spracht.

ARGAN: Mögen die Leute sagen was sie wollen; aber ich sage dir, ich will, daß sie erfüllen soll, was ich versprochen habe.

TOINETTE: Nein; ich weiß gewiß, sie tut es nicht.

ARGAN: Ich werde sie schon zwingen.

TOINETTE: Ich wiederhole Euch, sie tut es nicht.

ARGAN: Sie tut es, oder ich stecke sie in ein Kloster.

TOINETTE: Ihr?

ARGAN: Ich.

TOINETTE: Pah!
ARGAN: Was, Pah?
TOINETTE: Ihr steckt sie nicht in ein Kloster.
ARGAN: Ich stecke sie nicht in ein Kloster?
TOINETTE: Nein.
ARGAN: Nicht?
TOINETTE: Nein.
ARGAN: Oho, das ist ja allerliebst. Ich soll meine Tochter nicht in ein Kloster schicken, wenn ich will?
TOINETTE: Nein, sage ich Euch.
ARGAN: Wer wird mir's wehren?
TOINETTE: Ihr selbst.
ARGAN: Ich?
TOINETTE: Ja. Das bringt Ihr nicht übers Herz.
ARGAN: Das werde ich.
TOINETTE: Ihr scherzt nur.
ARGAN: Ich scherze gar nicht.
TOINETTE: Die väterliche Zärtlichkeit wird Euch ergreifen.
ARGAN: Sie wird mich nicht ergreifen.
TOINETTE: Eine kleine Träne oder zwei, ein Paar Arme um Euren Hals geschlungen, ein recht zärtlich gesprochenes »mein Herzensväterchen« werden hinreichen, Euch zu rühren.
ARGAN: Das alles wird mir nichts anhaben.
TOINETTE: Ja, ja.
ARGAN: Ich sage dir, daß ich nicht davon ablasse.
TOINETTE: Kleinigkeit!
ARGAN: Nichts da von Kleinigkeit.
TOINETTE: Mein Gott, ich kenne Euch ja; Ihr seid gutherzig von Natur.
ARGAN *(heftig)*: Ich bin nicht gutherzig, ich werde auch böse, wenn ich will.
TOINETTE: Ereifert Euch nicht; Ihr bedenkt nicht, daß Ihr krank seid.
ARGAN: Ich befehle ihr unweigerlich, sie soll sich drauf gefaßt machen, den von mir bestimmten Mann zu nehmen.

TOINETTE: Und ich verbiete ihr unweigerlich, auch nur daran zu denken.

ARGAN: In welchem Lande leben wir denn? Und was ist denn das für eine Frechheit, daß ein spitzbübisches Dienstmädchen sich erdreistet, so mit ihrem Herrn zu reden?!

TOINETTE: Wenn ihr Herr nicht weiß, was er tut, so hat ein vernünftiges Dienstmädchen das Recht, ihn zurückzuhalten.

ARGAN: Warte, du impertinente Kreatur, ich schlage dich tot! *(Er verfolgt sie)*

TOINETTE *(stellt einen Stuhl zwischen ihn und sich)*: Es ist meine Pflicht, mich Dingen zu widersetzen, die Euch Schande bringen würden.

ARGAN *(läuft mit seinem Stock um den Stuhl herum)*: Komm nur heran; ich will dich reden lehren! –

TOINETTE *(ihm immer ausweichend)*: Mir liegt nur dran, daß Ihr keine Torheit begeht …

ARGAN *(wie zuvor)*: Kröte! –

TOINETTE *(wie zuvor)*: Und ich werde die Heirat nie zugeben.

ARGAN *(wie zuvor)*: Galgenstrick! –

TOINETTE: Ich leide es nicht, daß sie Euren Thomas Diafoirus nimmt.

ARGAN *(wie zuvor)*: Rabenaas!

TOINETTE *(wie zuvor)*: Und sie wird mir mehr gehorchen als Euch.

ARGAN *(stillstehend)*: Angelique, willst du mir die infame Kreatur gleich festhalten?

ANGELIQUE: Ach, lieber Vater, macht Euch nur nicht krank.

ARGAN: Wenn du sie nicht fest hältst, gebe ich dir meinen Fluch.

TOINETTE *(im Weggehn)*: Und ich enterbe sie, wenn sie Euch gehorcht.

ARGAN *(wirft sich in seinen Lehnstuhl)*: Ach! ach! Ich kann nicht mehr. Das wird mein Tod sein! –

Sechste Szene

BELINDE. ARGAN

ARGAN: Ach, Frau, komm her! –
BELINDE: Was hast du, mein armes Männchen?
ARGAN: Komm mir zu Hilfe!
BELINDE: Was hat's denn gegeben, mein liebes Söhnchen?
ARGAN: Mein Lamm! –
BELINDE: Mein Engel!
ARGAN: Ich bin so in Zorn geraten!
BELINDE: Ach, du armer lieber Schatz! Worüber denn, mein Männchen?
ARGAN: Deine Toinette, die Spitzbübin, war unverschämter denn je.
BELINDE: Beruhige dich nur.
ARGAN: Sie hat mich ganz in Wut gebracht, mein Lamm.
BELINDE: Still doch, liebes Söhnchen!
ARGAN: Eine ganze Stunde lang hat sie allem widersprochen, was ich tun will.
BELINDE: Ruhig, ruhig, mein Kind!
ARGAN: Sie hat die Frechheit gehabt, mir zu sagen, ich wäre nicht krank.
BELINDE: Das naseweise Ding!
ARGAN: Du weißt am besten, mein Herz, wie sich's damit verhält.
BELINDE: Ja, mein Herz, sie hat unrecht.
ARGAN: Ach, mein Goldkind, die Spitzbübin bringt mich noch unter die Erde.
BELINDE: O still doch! still doch!
ARGAN: Sie ist schuld an aller meiner Galle.
BELINDE. Ärgere dich nur nicht!
ARGAN: Und ich habe dir schon so oft gesagt, du sollst sie fortschicken.
BELINDE: Mein Gott, liebes Kind, es gibt keinen Dienstboten, der nicht seine Fehler hätte. Man muß zuweilen schon ihre

schlechten Eigenschaften um der der guten willen ertragen. Das Mädchen ist geschickt, sorgsam, fleißig, und außerdem ehrlich und treu; und du weißt, daß man jetzt sehr vorsichtig sein muß, wenn man Leute annimmt. He, Toinette! –

Siebente Szene

ARGAN. BELINDE. TOINETTE

TOINETTE: Madame? –

BELINDE: Was soll das heißen, daß du meinen lieben Mann so ärgerst?

TOINETTE *(im sanftesten Ton)*: Ich, Madame? – Ach, ich weiß nicht, was Ihr sagen wollt; ich denke ja an nichts, als wie ich's Herrn Argan in allen Dingen recht machen will.

ARGAN: Oh, die falsche Katze! –

TOINETTE: Er sagte uns, er wolle seine Tochter dem Sohn des Herrn Diafoirus zur Frau geben; darauf antwortete ich, ich fände die Partie eine sehr annehmliche für sie, aber ich wäre der Meinung, er würde besser tun, sie in ein Kloster zu schicken.

BELINDE: Das ist so unrecht eben nicht, und ich finde, sie hat dir ganz gut geraten.

ARGAN: Ach, mein Goldkind, glaubst du ihr denn? Sie ist ein boshafter Satan und hat mir hundert Impertinenzen gesagt.

BELINDE: Nun gut, ich glaube dir, mein Engel. So, sei nur ruhig. Höre, Toinette, wenn du je wieder meinen lieben Mann ärgerst, so jage ich dich fort. Jetzt tummle dich, bringe mir seinen Pelzrock und ein paar Kissen, damit ich's ihm bequem mache. Du sitzest ja da, ich weiß nicht wie. Zieh dir deine Mütze hübsch über beide Ohren: nichts erkältet den Menschen leichter, als wenn ihm ein Zugwind ins Ohr dringt.

ARGAN: Ach, mein Lamm, wie dankbar bin ich dir für alle deine Sorgfalt! –

BELINDE *(legt ihm die Kissen zurecht)*: Richte dich ein wenig auf, damit ich dir dies Kissen unterlegen kann. Das hier tue ich an diese Seite, damit du dich anlehnen kannst, und dies an die andre. Nun noch eins hinter den Rücken, und eins, um den Kopf zu stützen.

TOINETTE *(stülpt ihm ein Kissen derb auf den Kopf)*: Und noch eins, um Euch vor der Abendluft zu schützen.

ARGAN *(steht zornig auf und wirft Toinetten alle Kissen nach)*: Ah, Spitzbübin, du willst mich ersticken! –

Achte Szene

ARGAN. BELINDE

BELINDE: Stille doch! Stille! Was gibt's denn nun wieder? –

ARGAN *(wirft sich in seinen Stuhl)*: Ach! ach! ach! Ich kann nicht mehr! –

BELINDE: Was ereiferst du dich wieder? Sie hat geglaubt, es recht gut zu machen.

ARGAN: Mein Goldkind, du weißt nicht, wie boshaft die schändliche Kreatur ist. Ach! Ich bin ganz außer mir; und ich werde wenigstens acht Purganzen und zwölf Klistiere brauchen, um das alles wiedergutzumachen.

BELINDE: Nun, nun, mein Engel, gib dich nur zufrieden! –

ARGAN: Du bist mein ganzer Trost, mein liebes Lamm.

BELINDE: Mein armes Söhnchen!

ARGAN: Ich will auch, um mich, soviel ich vermag, für alle deine Liebe erkenntlich zu zeigen, – ich will, wie ich dir schon gesagt habe, mein Testament machen.

BELINDE: Ach, mein Engel, reden wir davon nicht, ich bitte dich; ich kann's nicht ertragen, nur daran zu denken, und schon das Wort Testament macht mich schaudern.

ARGAN: Ich hatte dich gebeten, du möchtest mit deinem Notar darüber reden.

BELINDE: Er ist drinnen; ich habe ihn eben mitgebracht.

ARGAN: Laß ihn also kommen, mein Lamm.

BELINDE: Ach, mein liebster Schatz, wenn man seinen Mann so recht von Herzen liebt, ist man nicht imstande, an dergleichen zu denken.

Neunte Szene

HERR DE BONNEFOI. BELINDE. ARGAN

ARGAN: Kommt näher, Herr de Bonnefoi, kommt näher. Nehmt Euch einen Sessel, wenn's gefällig ist. Meine Frau hat mir gesagt, mein Herr, Ihr wäret ein braver Mann und einer von ihren besten Freunden; deshalb habe ich ihr aufgetragen, mit Euch über ein Testament zu reden, das ich machen will.

BELINDE: Ach! Ich bin nicht imstande, über dergleichen Dinge zu reden! –

HERR DE BONNEFOI: Sie hat mir Eure Absichten und Pläne in Beziehung auf sie auseinandergesetzt; und darauf muß ich Euch denn bemerken, daß Ihr Eurer Frau in Eurem Testament nichts vermachen könnt.

ARGAN: Warum nicht? –

HERR DE BONNEFOI: Es ist gegen das Gewohnheitsrecht. Wenn Ihr in einer der Provinzen lebtet, in welchen geschriebenes Recht gilt, so ließe die Sache sich machen; aber hier in Paris geht es nicht an, und Eure Verfügung wäre null und nichtig. Alles was Mann und Frau sich einander zugute tun können, ist ein gegenseitiges Geschenk unter Lebenden; und auch in dem Fall dürfen zur Zeit des Sterbefalles des ersten von beiden keine Kinder vorhanden sein, weder aus der gegenwärtigen, noch aus einer frühern Ehe.

ARGAN: Das finde ich ein recht verkehrtes Herkommen, daß ein Mann seiner Frau, die er zärtlich liebt und die ihn so sorgfältig gepflegt hat, nichts hinterlassen soll. Ich hätte Lust, meinen Advokaten zu konsultieren und zu hören, was dabei zu tun ist.

HERR DE BONNEFOI: Ihr müßt Euch an keinen Advokaten wenden, denn die nehmen solche Sachen sehr streng und bilden sich ein, es sei ein schweres Verbrechen, das Gesetz zu täuschen. Sie machen überall Schwierigkeiten und wissen nicht, wie man dem Gewissen zu Hilfe kommt. Es gibt noch andre Leute, die Ihr um Rat fragen müßt, die gefügiger sind und die rechten Mittel wissen, um sacht über das Gesetz wegzuschlüpfen und das Unerlaubte legal zu machen: Leute, die sich darauf verstehn, die Schwierigkeiten einer Sache zu applanieren und Mittel zu finden, das Herkommen auf eine indirekte Weise zu umgehn. Was fingen wir auch an, wenn das nicht wäre? – Man muß sich zu helfen wissen; sonst könnten wir ja nichts machen, und ich gäbe keinen Heller für unser Gewerbe.

ARGAN: Meine Frau hatte mir's wohl gesagt, mein werter Herr, Ihr wäret ein sehr geschickter und sehr braver Mann. Wie soll ich's also anfangen, ich bitte Euch, um ihr mein Vermögen zuzuwenden und es meinen Kindern zu entziehen?

HERR DE BONNEFOI: Wie Ihr's anfangen sollt? Ihr sucht Euch in der Stille einen intimen Freund Eurer Frau aus, dem Ihr in aller Form Rechtens durch ein Testament vermacht, soviel Ihr wollt; und dieser Freund zahlt ihr nachher alles wieder zurück. Oder Ihr stellt eine ganze Reihe von rechtskräftigen Obligationen an verschiedene fingierte Kreditoren aus, die ihren Namen dazu hergeben und Eurer Frau unter der Hand einen Revers einhändigen, durch welchen sie bekennen, das alles nur ihr zu Gefallen getan zu haben. Endlich könnt Ihr Eurer Frau ja auch bei Euren Lebzeiten bares Geld oder Wechsel, die auf den Inhaber lauten, ausstellen.

BELINDE: Mein Gott, quäle dich doch nicht mit solchen Dingen. Wenn dir etwas zustieße, mein liebster Schatz, so möchte ich nicht länger auf der Welt bleiben.

ARGAN: Mein Lamm! –

BELINDE: Ja, mein Herzenssöhnchen, wenn ich das Unglück erleben sollte, dich zu verlieren …

ARGAN: Meine liebe Frau! –

BELINDE: So hat das Leben keinen Wert mehr für mich.

ARGAN: Mein Engel! –
BELINDE: Und ich folge dir ins Grab, um dir meine Zärtlichkeit zu beweisen.
ARGAN: Mein Lamm, du zerreißt mir das Herz! Tröste dich, ich bitte dich.
HERR DE BONNEFOI *(zu Belinde)*: Ihr habt ja noch gar keine Veranlassung zu weinen; wir sind noch nicht so weit.
BELINDE: Ach, mein Herr, Ihr wißt nicht, was es heißt, einen Mann so zärtlich lieben! –
ARGAN: Am meisten wird mir's leid sein, wenn ich sterbe, mein Lamm, daß ich kein Kind von dir habe. Herr Purgon hatte mir gesagt, er würde mir dazu verhelfen …
HERR DE BONNEFOI: Das kann noch kommen.
ARGAN: Jetzt will ich vor allen Dingen mein Testament machen, mein Herz, und zwar auf die Art, wie Herr de Bonnefoi sagt: aber um sicher zu gehn, will ich zwanzigtausend Franken in Gold, die ich im Getäfel meines Alkovens verwahrt habe, in deine Hände geben und außerdem zwei auf den Inhaber ausgestellte Wechsel, einen von Herrn Damon und einen von Herrn Géronte.
BELINDE: Nein, nein, was frage ich nach dem allen! Ach! … Wieviel sagst du, daß in deinem Alkoven sind? –
ARGAN: Zwanzigtausend Franken, mein Lamm.
BELINDE: Sprich mir nicht von Geld, ich bitte dich. Ach! – Wieviel betragen die beiden Wechsel?
ARGAN: Der eine, mein Engel, lautet auf viertausend Franken, der andre auf sechs.
BELINDE: Alle Schätze der Welt, mein herzliebster Mann, sind nichts im Vergleich mit dir.
HERR DE BONNEFOI *(zu Argan)*: Sollen wir jetzt zum Testament schreiten?
ARGAN: Ja, mein werter Herr. Aber wir können das besser in meinem kleinen Kabinett abmachen. Führe mich, mein Lamm, wenn Du so gut sein willst.
BELINDE: Komm, mein armes liebes Söhnchen! –

Zehnte Szene

ANGELIQUE. TOINETTE

TOINETTE: Sie stecken da mit einem Notar zusammen, und ich habe etwas von einem Testamente sprechen hören. Eure Stiefmutter legt die Hände nicht in den Schoß und drängt gewiß Euren Vater wieder zu einer Verschwörung gegen Euch.

ANGELIQUE: Mag er doch mit meinem Vermögen schalten wie er will, wenn er nur nicht über mein Herz verfügt. Du siehst, Toinette, zu welchen Gewaltschritten man ihn drängen will; verlaß mich nicht in meiner Not, ich bitte dich!

TOINETTE: Ich Euch verlassen? Lieber wollte ich sterben. Eure Stiefmutter mag sich noch so viel Mühe geben, mich in ihr Vertrauen zu ziehn und für ihre Pläne zu gewinnen, ich habe sie nie leiden können und bin immer auf Eurer Seite gewesen. Laßt mich nur machen; ich werde alles daransetzen, Euch zu helfen; aber um Euch besser dienen zu können, muß ich die Sache anders angreifen; ich muß meinen Eifer für Euch verbergen und mich stellen, als ginge ich auf die Absichten Eures Vaters und Eurer Stiefmutter ein.

ANGELIQUE: Suche nur vor allem, darum beschwöre ich dich, Cléante von der beschlossenen Heirat Nachricht zu geben.

TOINETTE: Dazu kann ich niemand verwenden, als den alten Wucherer Polichinelle, meinen Anbeter; es wird mich einige süße Worte kosten, und die will ich gern für Euch dran wenden. Heut abend ist es schon zu spät, aber morgen in aller Frühe werde ich ihn holen lassen, und er wird hocherfreut sein ...

Elfte Szene

BELINDE. TOINETTE

BELINDE *(drinnen)*: Toinette! –

TOINETTE: Ich werde gerufen. Gute Nacht! – Verlaßt Euch auf mich.

Zweiter Akt

Erste Szene

CLÉANTE. TOINETTE

TOINETTE *(die Cléante nicht gleich wieder erkennt)*: Was wünscht Ihr, mein Herr?
CLÉANTE: Was ich wünsche?
TOINETTE: Ach! Ihr seid's? Welche Überraschung! Aber was führt Euch hierher?
CLÉANTE: Ich will mein Schicksal erfahren, will mit der schönen Angelique sprechen, ihre Herzensmeinung vernehmen und von ihr hören, was sie wegen der verhaßten Heirat beschließt, von der man mir gesagt hat.
TOINETTE: Das ist alles recht schön; aber mit Angelique läßt sich nicht so ohne weiteres sprechen; das muß heimlich geschehen. Ihr wißt, wie strenge sie bewacht wird, daß sie weder ausgehen noch mit jemand reden darf und daß nur die Neugier einer alten Tante uns die Erlaubnis verschaffte, jenes Schauspiel zu besuchen, wo sich Eure Liebe entspann; und wir haben uns wohl gehütet, von diesem Abenteuer zu reden.
CLÉANTE: Ich komme ja auch nicht als Cléante oder als ihr Liebhaber her, sondern als der Freund ihres Musikmeisters, der mir erlaubt hat, mich als seinen Stellvertreter melden zu dürfen.
TOINETTE: Da kommt ihr Vater. Zieht Euch ein wenig zurück, damit ich ihm sage, daß Ihr hier seid.

Zweite Szene

ARGAN. TOINETTE

ARGAN *(ohne Toinette zu sehen)*: Herr Purgon hat mir verordnet, ich solle nach dem Frühstück zwölfmal in meinem Zimmer auf und nieder gehen; aber ich habe vergessen, ihn zu fragen, wie er's gemeint hat, ob in der Länge oder in der Breite? –

TOINETTE: Herr Argan, da ist ...

ARGAN: Sprich doch sachte, du nichtsnutziges Ding! – Du hast mir das ganze Gehirn erschüttert, und bedenkst nicht, daß man mit Kranken nicht so laut reden darf!

TOINETTE: Ich wollte Euch nur melden ...

ARGAN: Sachte, sage ich dir.

TOINETTE: Herr Argan ... *(Sie tut, als ob sie spräche)*

ARGAN: He?

TOINETTE: Ich sage ... *(Sie tut wieder, als ob sie spräche)*

ARGAN: Was sagst du?

TOINETTE *(laut)*: Ich sage, daß jemand da ist, der Euch sprechen will.

ARGAN: Er soll kommen. *(Toinette winkt Cléante, zu kommen)*

Dritte Szene

ARGAN. CLÉANTE. TOINETTE

CLÉANTE: Mein Herr ...

TOINETTE *(zu Cléante)*: Sprecht nicht so laut, Ihr könntet sonst Herrn Argans Gehirn erschüttern.

CLÉANTE: Mein Herr, ich bin sehr erfreut, Euch außer Bett zu finden und zu sehn, daß es Euch besser geht.

TOINETTE *(stellt sich erzürnt)*: Was! Daß es ihm besser geht? – Das ist falsch; Herr Argan befindet sich immer schlecht.

CLÉANTE: Ich hatte gehört, es ginge Herrn Argan besser; und ich finde, er sieht sehr gut aus.

TOINETTE: Was wollt Ihr nur mit Eurem guten Aussehen? Herr Argan sieht sehr schlecht aus, und wer Euch gesagt hat, es ginge ihm besser, ist ein einfältiger Mensch gewesen. Er hat sich noch nie so unwohl gefühlt.

ARGAN: Da hat sie recht.

TOINETTE: Er geht, schläft, ißt und trinkt wie jeder andere; aber demungeachtet ist er sehr krank.
ARGAN: Das ist wahr.
CLÉANTE: Mein Herr, das tut mir unendlich leid. Mich schickt der Gesanglehrer Eurer Fräulein Tochter: er hat auf einige Tage über Land reisen müssen, und da ich sein bester Freund bin, schickt er mich statt seiner, um ihre Lektionen fortzusetzen, damit sie nicht wegen der Unterbrechung vergesse, was sie schon kann.
ARGAN: Gut! – *(Zu Toinette)* Rufe Angelique! –
TOINETTE: Wäre es nicht besser, wenn ich den Herrn auf ihr Zimmer führte? –
ARGAN: Nein! Sie soll herkommen.
TOINETTE: Er kann ihr keine ordentliche Stunde geben, wenn er nicht allein mit ihr ist.
ARGAN: Doch, doch! –
TOINETTE: Herr Argan, das wird Euch nur den Kopf einnehmen: in Eurem jetzigen Zustand bedarf es nur einer Kleinigkeit, um Euch aufzuregen und Euer Gehirn zu erschüttern.
ARGAN: Nein, nein; ich höre gern Musik, und es sollte mir lieb sein … Ah, da kommt sie schon. *(Zu Toinette)* Geh hinein, du, und sieh zu, ob meine Frau schon angezogen ist.

Vierte Szene

ARGAN. ANGELIQUE. CLÉANTE

ARGAN: Komm, mein Kind. Dein Gesanglehrer hat eine Reise über Land gemacht, und hier ist jemand, den er statt seiner herschickt, um dir Unterricht zu geben.
ANGELIQUE *(erkennt Cléante)*: O Himmel …
ARGAN: Was hast du? Warum bist du so erschrocken? –
ANGELIQUE: Es ist …
ARGAN: Was denn? Was hat dich so aufgeregt? –

ANGELIQUE: Es ist ein ganz eigenes, merkwürdiges Zusammentreffen, lieber Vater, das sich hier begibt.

ARGAN: Wieso? –

ANGELIQUE: Mir träumte diese Nacht, ich wäre in der entsetzlichsten Angst, und da erschien jemand, der gerade so aussah, wie dieser Herr; ich rief ihn um Hilfe an, und er befreite mich aus meiner Not. Ich erstaunte also natürlich sehr, als ich ganz unvermutet meinen Retter vor mir sah, den ich die ganze Nacht vor Augen gehabt hatte.

CLÉANTE: Wer, sei es schlafend, sei es wachend, Eure Gedanken beschäftigt, darf wahrhaftig nicht klagen; und ich würde mich glücklich preisen, wenn Ihr Euch in irgendeiner Verlegenheit befändet und wolltet Euch herablassen, meinen Beistand anzunehmen. Gewiß, es gibt nichts in der Welt, was ich nicht täte …

Fünfte Szene

ARGAN. ANGELIQUE. CLÉANTE. TOINETTE

TOINETTE *(zu Argan)*: Meiner Treu, Herr Argan, heut halte ich's mit Euch und nehme alles zurück, was ich gestern gesagt habe. Eben kommen Herr Diafoirus Vater und Herr Diafoirus Sohn und wollen ihren Besuch machen. Ei, da werdet Ihr ja herrlich beeidamt sein! Gleich sollt ihr den wohlgebautesten und gescheitesten jungen Menschen kennenlernen, den Ihr Euch vorstellen könnt. Er sagte mir nur zwei Worte, die mich ganz entzückt haben, und Eure Tochter wird von ihm bezaubert sein.

ARGAN *(zu Cléante, der sich stellt, als ob er weggehen wolle)*: Bleibt doch, mein Herr. Ich verheirate meine Tochter; und jetzt eben bringt man ihr ihren Bräutigam, den sie noch nicht gesehen hat.

CLÉANTE: Ihr erzeigt mir die größte Ehre, mein Herr, indem Ihr mir erlaubt, von einer so angenehmen Begegnung Zeuge sein zu dürfen.

ARGAN: Es ist der Sohn eines geschickten Arztes, und in vier Tagen soll die Hochzeit sein.
CLÉANTE: Ich gratuliere.
ARGAN: Schreibt doch Euerm Musikmeister ein paar Worte, damit er zur Hochzeit komme.
CLÉANTE: Ich werde nicht ermangeln.
ARGAN: Ihr seid auch eingeladen.
CLÉANTE: Ihr erzeigt mir eine besondere Ehre.
TOINETTE: Geschwind, macht Platz; sie kommen.

Sechste Szene

HERR DIAFOIRUS, THOMAS DIAFOIRUS. ARGAN. ANGELIQUE. CLÉANTE. TOINETTE. ZWEI LAKAIEN

ARGAN *(legt die Hand an seine Schlafhaube, ohne sie abzunehmen)*: Herr Purgon, mein werter Herr, hat mir verboten, den Kopf zu entblößen. Ihr gehört zur Zunft, Ihr wißt, was das für Folgen haben könnte.
HERR DIAFOIRUS: Es ist die Aufgabe aller unserer Besuche, den Kranken Hilfe zu bringen, nicht ihnen schädlich zu werden.
(Argan und Herr Diafoirus sprechen alles folgende zugleich)
ARGAN: Mein Herr, ich empfange …
HERR DIAFOIRUS: Mein Herr, wir kommen …
ARGAN: Die Ehre, die Ihr mir erzeigt …
HERR DIAFOIRUS: Mein Sohn Thomas und ich …
ARGAN: Mit größtem Vergnügen …
HERR DIAFOIRUS: Um Euch zu versichern …
ARGAN: Und hätte gewünscht …
HERR DIAFOIRUS: Wie sehr wir erfreut sind …
ARGAN: Ich hätte zu Euch kommen können …
HERR DIAFOIRUS: Über die Gunst, die Ihr uns erweist …
ARGAN: Um es Euch auszusprechen …
HERR DIAFOIRUS: Indem Ihr uns die Ehre antut …
ARGAN: Aber Ihr wißt, mein Herr …

HERR DIAFOIRUS: Euch mit uns, mein Herr ...
ARGAN: Wie es mit einem armen Patienten beschaffen ist ...
HERR DIAFOIRUS: Befreunden zu wollen ...
ARGAN: Der nichts anderes tun kann ...
HERR DIAFOIRUS: Und Euch zu beteuern ...
ARGAN: Als Euch hier zu sagen ...
HERR DIAFOIRUS: Daß wir in allem, was in unser Fach einschlägt ...
ARGAN: Daß er jede Gelegenheit aufsuchen wird ...
HERR DIAFOIRUS: Sowohl als in andern Dingen ...
ARGAN: Euch zu versichern, mein Herr Doktor ...
HERR DIAFOIRUS: Allezeit bereit und willig sein werden ...
ARGAN: Daß er gänzlich zu Euern Diensten steht.
HERR DIAFOIRUS: Euch unsern Diensteifer zu bezeugen. *(Zu Thomas)* Tritt jetzt vor, Thomas, und begrüße die Herrschaften.
THOMAS DIAFOIRUS *(zu seinem Vater)*: Muß ich nicht beim Vater anfangen? –
HERR DIAFOIRUS: Ja.
THOMAS DIAFOIRUS: Mein Herr, ich begrüße, erkenne, liebe und verehre in Euch einen zweiten Vater; aber einen zweiten Vater, dem auszusprechen ich mich erkühne, daß ich ihm mehr schulde als dem ersten. Der erste hat mich erzeuget, aber Ihr habt mich erwählet; jener hat mich aus Notwendigkeit empfangen, Ihr habt mich aus Gnade angenommen. Was ich von ihm habe, ist ein Werk seines Körpers; was ich aber von Euch erhoffe, ist ein Werk Eures Willens; und um soviel höher die Kräfte des Geistes über denen des Körpers stehen, um soviel mehr bin ich Euch verpflichtet und um so kostbarer ist mir die bevorstehende Kindschaft, um derentwillen ich Euch heut im voraus meinen gehorsamsten und alleruntertänigsten Respekt zu vermelden komme.
TOINETTE: Es leben die Schulbänke, auf denen man ein so gelehrter Mann wird!
THOMAS DIAFOIRUS *(zu Herrn Diafoirus)*: War's so recht, Herr Vater?

HERR DIAFOIRUS: Optime.
ARGAN *(zu Angelique)*: Geh, mach dem Herrn dein Kompliment.
THOMAS DIAFOIRUS: Muß ich küssen?
HERR DIAFOIRUS: Ei ja.
THOMAS DIAFOIRUS *(zu Angelique)*: Geehrteste Frau Schwiegermutter, ...
ARGAN *(zu Thomas Diafoirus)*: Das ist nicht meine Frau; Ihr sprecht mit meiner Tochter.
THOMAS DIAFOIRUS: Wo ist sie denn?
ARGAN: Sie wird gleich kommen.
THOMAS DIAFOIRUS *(zu Herrn Diafoirus)*: Soll ich warten, bis sie kommt, Herr Vater?
HERR DIAFOIRUS: Mach einstweilen dem Fräulein dein Kompliment.
THOMAS DIAFOIRUS: Mein Fräulein! Nicht mehr noch weniger als das Standbild des Memnon einen harmonischen Laut erklingen ließ, wenn es von den Strahlen der Sonne berührt ward; gleichergestalt fühle ich mich von einer angenehmen Regung entzückt, wenn die Sonne Eurer Schönheit mir aufgeht. Und gleichwie die Naturforscher beobachtet haben wollen, daß die unter dem Namen Sonnenblume bekannte Staude ihr Haupt ohne Unterlaß dem Tagesgestirn zuwendet, also wird auch mein Herz von nun an sich den glänzenden Sternen Eurer anbetungswürdigen Augen als seinem einzigen Pol zuwenden. Erlaubt dannenhero, mein Fräulein, daß ich heut auf dem Altar Eurer Reize die Opfergabe dieses Herzens niederlege, welches nach keinem andern Ruhm strebt und schmachtet, als Zeit seines Lebens zu verbleiben, verehrtes Fräulein, Euer gehorsamster, untertänigster Diener und Ehegatte.
TOINETTE: Da kann man sehn, was es heißt, studiert zu haben! Man lernt doch schöne Dinge vorbringen! –
ARGAN *(zu Cléante)*: He! Was sagt Ihr dazu? –
CLÉANTE: Ich finde alles wundervoll; und wenn Herr Diafoirus

ein so guter Arzt wie großer Redner ist, so muß es ein Vergnügen sein, von ihm behandelt zu werden.

TOINETTE: Das wollte ich meinen. Wenn er so schöne Kuren macht, wie er schön spricht, so muß er es weit bringen.

ARGAN: Geschwind, setzt meinen Lehnstuhl her und Sessel für die ganze Gesellschaft. *(Die beiden Lakaien bringen Stühle)* Setze dich hierher, meine Tochter. *(Zu Herrn Diafoirus)* Ihr seht, mein Herr Doktor, daß jedermann Herrn Thomas bewundert; und ich finde Euch sehr glücklich, einen solchen Sohn zu besitzen.

HERR DIAFOIRUS: Mein Herr, ich sage das nicht, weil es mein Sohn ist; aber ich kann mit Wahrheit versichern, daß ich alle Ursache habe, mit ihm zufrieden zu sein, und daß, wer ihn kennt, ihn als einen jungen Menschen rühmt, an dem keine böse Ader ist. Er hat niemals sehr viel Einbildungskraft blikken lassen und ebensowenig den lebhaften Geist, den man an einigen seiner Altersgenossen bemerkt; aber eben deshalb habe ich immer eine um so bessere Meinung von seiner Urteilskraft gehabt, die für unsern Beruf das erste Erfordernis ist. Als er noch klein war, ist er nie, was man so nennt, aufgeweckt oder durchtrieben gewesen; man sah ihn allezeit still, friedfertig und schweigsam; er sprach kein Wort und spielte auch nie die kleinen Spiele, die dem kindischen Alter zu gefallen pflegen. Wir hatten die größte Mühe, ihn lesen zu lehren; als er neun Jahre alt war, kannte er noch keine Buchstaben. Gut, sagte ich zu mir selbst, die langsam wachsenden Bäume tragen die besten Früchte. Man schreibt mit größerer Mühe in den Marmor als in den Sand; aber die Schrift hält auch länger aus, und diese Trägheit des Verstandes, diese Schwerfälligkeit der Einbildungskraft sind der beste Beweis für ein zukünftiges gesundes Urteil. Als ich ihn auf das Gymnasium schickte, ward es ihm anfangs sauer; aber er kämpfte gegen die Schwierigkeiten, und seine Lehrer rühmten mir immer seinen Fleiß und seine Ausdauer. So ist er denn endlich durch stetes Hämmern auf das Eisen so weit gekommen, daß er Lizentiam erhalten; und ich kann ohne Eitelkeit beteuern, daß in den zwei Jahren, seit er auf den Bänken sitzt, kein Kandidat vorgekommen ist, der sich in allen Disputationen unsrer Fakultät so hervorgetan hat wie er. Er hat sich recht furchtbar gemacht, und es wird kein einziger Aktus gehalten, wo er nicht auf Tod und Leben wider die gegnerische Proposition streitet. Er ist firm im Disputieren, stark wie ein Türke in seinen Grundsätzen, geht nie von seiner Behauptung ab und verfolgt ein Argument bis in die innersten Schlupfwinkel der Logik. Was mir aber vor allem andern an ihm gefällt, und worin er meinem Exempel folgt, das ist, daß er blindlings an den Ansichten unsrer Alten festhält und daß er von den modernen Experimenten, die den Umlauf des Bluts und andre Schwindeleien von gleichem Schlage beweisen sollen, nie das mindeste hat wissen oder nur darauf hören wollen.

THOMAS DIAFOIRUS *(zieht eine große zusammengerollte Disputation aus der Tasche, die er Angelique überreicht)*: Ich habe gegen die Anhänger des Umlaufs eine These verteidigt, welche ich mit der Erlaubnis dero Herrn Vaters dem Fräulein zu überreichen mich erdreiste, als ein pflichtschuldiges Opfer der Erstlinge meines Studiums.

ANGELIQUE: Mein Herr, das ist für mich ein nutzloser Gegenstand; ich verstehe mich auf solche Dinge nicht.

TOINETTE *(nimmt die Disputation)*: Gebt nur her, gebt nur her: es ist ein Bild darauf, das kann man immer brauchen. Wir wollen sie an die Wand hängen.

THOMAS DIAFOIRUS *(indem er dem Herrn Argan wieder eine Reverenz macht, gleichfalls)*: Mit dero Herrn Vaters Erlaubnis invitiere ich Euch demnächst auch, mein Fräulein, daß Ihr einen dieser nächsten Tage zu Eurer Ergötzlichkeit der Obduktion einer Frauensperson beiwohnen wollt, über welche ich einen Vortrag halten werde.

TOINETTE: Die Ergötzlichkeit wird recht unterhaltend sein. Der und jener führt seine Dame ins Schauspiel; aber zu einer Sektion einzuladen, ist weit galanter.

HERR DIAFOIRUS: Was übrigens diejenigen Qualitäten anlangt, die für den Ehestand und die Propagation erforderlich sind, so bezeuge ich, daß er nach den Regeln unsrer Doktoren durchaus nach Wunsch beschaffen ist; daß er die zur Prolifikation erforderliche Tüchtigkeit in einem löblichen Grade besitzt und sich desjenigen Temperaments erfreut, welches zur Hervorbringung und Prokreation wohlkonditionierter Kinder verlangt wird.

ARGAN: Ist es nicht Eure Absicht, Herr Doktor, ihn bei Hof anzubringen und eine Stelle als Leibarzt für ihn zu sollizitieren? –

HERR DIAFOIRUS: Wenn ich aufrichtig reden soll, so ist mir unsre Praxis bei den Großen nie sehr annehmlich erschienen, und ich habe immer gefunden, wir täten besser, nur dem Publikum anzugehören. Das Publikum ist bequem: da ist man niemand Rechenschaft von seinen Handlungen schuldig, und wer nur dem Strom der hergebrachten Regeln folgt, braucht sich um nichts zu kümmern, was allenfalls daraus entstehen kann. Bei den Großen dagegen ist der Übelstand, daß sie schlechterdings von ihrem Arzt kuriert sein wollen, wenn sie krank geworden sind.

TOINETTE: Wie kann man denn auch das noch von Euch Ärzten verlangen, daß Ihr Eure Patienten gesundmachen sollt! Dazu seid Ihr ja gar nicht da: Ihr habt nur Eure Rezepte zu schreiben und Euer Honorar einzustreichen; ob sie gesund werden, ist ihre Sache.

HERR DIAFOIRUS: Das ist ganz richtig. Wir sind nur verpflichtet, die Leute nach der vorgeschriebenen Form zu behandeln.

ARGAN *(zu Cléante)*: Mein Herr, laßt doch meine Tochter ein wenig vor der Gesellschaft singen.

CLÉANTE: Ich wartete nur auf Euern Befehl, mein Herr; und mir fällt eben ein, ich könnte, um die Gesellschaft zu unterhalten, eine Szene aus der neuen kleinen Oper, die jetzt aufgeführt wird, mit dem Fräulein singen. *(Zu Angelique)* Seht, hier ist Eure Stimme.

ANGELIQUE: Ich …

CLÉANTE *(leise zu Angelique)*: Weigert Euch nicht, wenn ich bitten darf, und erlaubt mir, Euch zu erklären, was in der Szene vorgeht, die wir singen sollen. *(Laut)* Ich habe zwar wenig Stimme, aber hier ist es genug, wenn ich mich verständlich mache; und man wird die Güte haben, mich zu entschuldigen, weil ich dadurch das Fräulein veranlasse, zu singen.

ARGAN: Sind die Verse schön?

CLÉANTE: Es ist recht eigentlich eine kleine Oper aus dem Stegreif, und Ihr werdet nichts andres singen hören, als eine rhythmische Prosa, wie die Leidenschaft und Notwendigkeit sie zwei Liebenden diktieren, die ihren Dialog erfinden.

ARGAN: Schön. Hören wir's mit an.

CLÉANTE: Die Situation ist also diese. Ein Schäfer hörte aufmerksam einem soeben beginnenden Schauspiel zu, als er durch laute Worte in seiner Nähe gestört ward: er sieht sich um und gewahrt einen rohen Menschen, der durch unziemliche Reden eine Schäferin beleidigt. Er nimmt sich sofort eines Geschlechts an, dem alle Männer Achtung schuldig sind, und nachdem er den frechen Buben für seine Ungebühr gezüchtigt, naht er sich der Schäferin und erblickt ein junges Mädchen, deren schönen Augen Tränen entströmen, die ihm die schönsten der Welt dünken. Ach, denkt er, war's denn möglich, ein so liebenswürdiges Wesen zu kränken? Welcher Unmensch, welcher Barbar würde nicht durch solche Tränen gerührt werden? Er bemüht sich, diese Tränen, die ihm so schön dünken, zu hemmen; und zu gleicher Zeit bemüht sich die liebenswürdige Schäferin ihm für seinen geringen Dienst zu danken; aber in so reizender, zarter und beweglicher Weise, daß der Schäfer ihr nicht widerstehn kann; denn jedes Wort, jeder Blick ist ein brennender Pfeil, der sein Herz entzündet. Gibt es wohl etwas, sagt er sich, das die entzückenden Worte eines solchen Danks verdienen kann? Und was täte man nicht, welche Dienste, welche Gefahren suchte man nicht freudig auf, um sich, wenn auch nur für einen Augenblick, den süßen Lohn eines solchen Danks zu gewinnen? Das Schauspiel geht vorüber, ohne daß er im mindesten darauf achtet; aber er bedauert, daß es so kurz war, weil sein Ende ihn von der geliebten Schäferin trennt; und von jenem ersten Anblick, von jenem ersten Moment an empfindet er die volle Heftigkeit einer jahrelangen Leidenschaft. Er fühlt alle Qualen der Abwesenheit; er ist unglücklich, die Heißgeliebte, die er so wenig gesehn, nicht mehr zu sehn. Er tut, was ihm irgend möglich ist, um sich den Anblick, dessen Bild ihn Tag und Nacht nicht mehr verläßt, noch einmal zu verschaffen; aber der Zwang, in welchem man seine Schäferin hält, wehrt ihm jede Möglichkeit. Die Heftigkeit seiner Leidenschaft bringt ihn zum Entschluß, um die Hand der angebeteten Schönen anzuhalten, ohne die er nicht mehr leben kann, und ein Briefchen an sie, das er durch eine List in ihre Hände zu bringen weiß, verschafft ihm ihre Einwilligung zu diesem Schritt. Zu gleicher Zeit aber erfährt er, daß der Vater der Schönen ihre Heirat mit einem andern beschlossen hat und daß schon alle Anstalten zur Hochzeit getroffen werden. Welcher grausame Schlag für das Herz des armen Schäfers! Nun überwältigt ihn ein tödlicher Schmerz; er kann die entsetzliche Vorstellung nicht ertragen, seine Geliebte in den Armen eines andern zu sehn; und seine verzweifelnde Leidenschaft läßt ihn ein Mittel ersinnen, sich in das Haus seiner Schäferin einzuschleichen, um zu hören, was sie beschlossen hat, und das Schicksal, das ihm bevorsteht, zu vernehmen. Er begegnet daselbst den Vorbereitungen zu dem, was er über alles fürchtet; er sieht den unwürdigen Nebenbuhler, den die Laune eines Vaters seiner zärtlichen Liebe entgegenstellt; er sieht den Triumph dieses lächerlichen Rivalen, der seinen Sieg schon für gesichert hält, und dieser Anblick erfüllt ihn mit einem Zorn, den er kaum beherrschen kann. Er wirft schmerzliche Blicke auf seine Geliebte; seine Ehrerbietung sowie die Gegenwart ihres Vaters hindern ihn, anders als durch die Augen mit ihr zu reden: endlich aber wirft er jeden Zwang ab, und die Heftigkeit seiner Liebe bewegt ihn, folgende Worte an sie zu richten:

(Er singt)
> Mein Leid ist allzu herbe,
> O schöne Phillis; deshalb brich dein Schweigen.
> Ich will in Demut deinem Spruch mich neigen;
> Darf ich noch hoffen? Willst du, daß ich sterbe?

ANGELIQUE *(singt)*:
> Tircis, du siehst, wie mich der Gram verzehrt,
> Wie der verhaßte Bund an meinem Herzen nagt.
> Zum Himmel blick' ich, seh' dich an und seufze;
> Ist das noch nicht genug gesagt? –

ARGAN: Sapperment! Ich dachte nicht, daß meine Tochter so geschickt wäre und so frischweg vom Blatt singen könnte, ohne zu stocken.

CLÉANTE:
> Ach Phillis, schönste Schäferin,
> Darf dein getreuer Tircis hoffen,
> Ihm steh' ein Platz in deinem Herzen offen? –
> Ist's wahr, daß ich so glücklich bin? –

ANGELIQUE:
> Dein bin ich, dein für alle Zeit;
> Dir, Tircis, hab' ich ganz mein Herz geweiht,
> Ich liebe, ja ich liebe dich.

CLÉANTE:
> O holde Worte, wie entzückt ihr mich!
> Hört' ich auch recht die süße Harmonie?
> Noch einmal wiederhole sie! –

ANGELIQUE:
> Ja, Tircis, ja, ich liebe dich.

CLÉANTE:
> O noch einmal!

ANGELIQUE:
> Ich liebe dich!

CLÉANTE:
> Noch hundert Male wiederhol, o Phillis,
> Noch tausend Male dein Geständnis mir.

ANGELIQUE:
> Ich liebe dich, ich liebe dich,
> Ja, Tircis, ewig lieb' ich dich.

CLÉANTE:
> Die Ihr die Welt mit ihren Königreichen
> Zu Euren Füßen seht,
> Ihr Götter, ist Eur' Glück dem meinen zu vergleichen?
> Nur ein Gedanke trübt
> Die Wonne dieser sel'gen Stunde;
> Mein Nebenbuhler ...

ANGELIQUE:
> Ach, ich haß ihn mehr
> Als selbst den Tod, und seine Gegenwart
> Ist mir wie Euch die größte aller Qualen.

CLÉANTE:
> Doch eines Vaters ernstem Dringen,
> Wirst du ihm ewig widerstehn?

ANGELIQUE:
> Und sollt' ich dran zugrunde gehn,
> Nie wird es ihm gelingen,
> Mich in dies Joch zu zwingen:
> Im schlimmsten Fall, ich schwör's bei Ja und Nein,
> Soll mich der Tod von solcher Schmach befrein.

ARGAN: Und was sagt denn der Vater zu dem allen? –

CLÉANTE: Der sagt nichts.

ARGAN: Das ist aber ein recht einfältiger Vater, der alle solche Dummheiten mit ansieht und nichts sagt! –

CLÉANTE (*will fortfahren zu singen*): O Liebste ...

ARGAN: Nein, nein, das war gerade genug. Diese Oper gibt ein ganz schlechtes Beispiel. Der Schäfer Tircis ist ein zudringlicher Bursche und die Schäferin Phillis eine unverschämte Dirne, daß sie das alles in Gegenwart ihres Vaters ausspricht. (*Zu Angelique*) Zeig mir doch einmal das Blatt! Oho! Seht doch! Wo sind denn die Worte, die du gesungen hast? – Da steht ja nichts drauf, als geschriebene Noten? –

CLÉANTE: Wißt Ihr denn nicht, mein Herr, daß man seit kurzem die Kunst erfunden hat, die Worte zugleich mit den Noten selbst zu schreiben? –
ARGAN: Schon gut, Euer Diener, mein Herr, bis auf weiteres. Wir hätten Eure unanständige Oper ganz gut entbehren können.
CLÉANTE: Ich glaubte Euch ein Vergnügen zu machen.
ARGAN: Solche Albernheiten machen mir kein Vergnügen. Ah, da kommt meine Frau.

Siebente Szene

BELINDE. ARGAN. ANGELIQUE. HERR DIAFOIRUS. THOMAS DIAFOIRUS. TOINETTE

ARGAN: Mein Lamm, das ist der Sohn des Herrn Diafoirus.
THOMAS DIAFOIRUS: Madame, ich begrüße Euch als Schwieger- und nicht als Stiefmutter, denn die Natur hat Euer schönes Gesicht so wenig stiefmütterlich behandelt …
BELINDE: Mein Herr, es freut mich, zu rechter Zeit gekommen zu sein, um noch die Ehre zu haben, Euch zu sehn.
THOMAS DIAFOIRUS: Denn die Natur hat Euer schönes Gesicht, – denn die Natur hat Euer schönes Gesicht, – Madame, Ihr habt mich mitten in meiner Anrede unterbrochen, und das bringt mich ganz aus dem Kontext.
HERR DIAFOIRUS: Thomas, verschiebe dies auf ein andermal.
ARGAN: Ich wünschte, mein Engel, Du wärst eben hier gewesen.
TOINETTE: Ah, Madame, Ihr habt sehr viel verloren, daß Ihr den zweiten Vater, das Standbild des Memnon und die unter dem Namen Sonnenblume bekannte Staude versäumt habt.
ARGAN: Nun frisch, meine Tochter, gib dem Herrn die Hand und versprich ihm deine Treue als deinem Ehegatten.
ANGELIQUE: Lieber Vater! –
ARGAN: Nun? Lieber Vater? Was soll denn das bedeuten? –
ANGELIQUE: Um alles in der Welt willen, eilt nicht so mit der Sa-

che. Gönnt uns wenigstens die Zeit, einander kennenzulernen und einer für den andern die Zuneigung zu gewinnen, die für eine glückliche Ehe so notwendig ist.

THOMAS DIAFOIRUS: Was mich anlangt, mein Fräulein, so ist sie in mir schon vollständig vorhanden, und ich habe nicht nötig, erst noch darauf zu warten.

ANGELIQUE: Wenn Ihr so schnell damit fertig geworden seid, mein Herr, so ist das mit mir keineswegs der Fall, und ich gestehe Euch, daß Eure Verdienste noch keinen hinreichenden Eindruck auf mein Herz gemacht haben.

ARGAN: Pah, pah! Damit hat es noch Zeit genug, wenn ihr zusammen verheiratet sein werdet.

ANGELIQUE: Oh, mein Vater, laßt mir ein wenig Zeit, darum bitte ich Euch dringend. Die Ehe ist eine Kette, die man einem Herzen nicht mit Gewalt anlegen darf; und wenn Herr Diafoirus ein rechtschaffner Mann ist, wird er eine Frau nicht wollen, die ihm nur durch Zwang gehören würde.

THOMAS DIAFOIRUS: Nego consequentiam, mein Fräulein. Ich kann ein rechtschaffner Mann sein und Euch doch sehr gern aus der Hand Eures Vaters annehmen.

ANGELIQUE: Es ist das schlechteste Mittel von der Welt, sich Liebe dadurch erzwingen zu wollen, daß man Gewalt braucht.

THOMAS DIAFOIRUS: Wir lesen von den Alten, mein Fräulein, daß ihre Gewohnheit war, die Jungfrauen, die sie zur Ehe nahmen, mit Gewalt aus dem Hause ihrer Väter zu entführen, damit es nicht den Anschein haben solle, als ob sie freiwillig in die Arme eines Mannes flögen.

ANGELIQUE: Die Alten, mein Herr, sind die Alten; und wir sind Menschen der Gegenwart. Solche Ziereieien sind in unserm Jahrhundert nicht mehr nötig; und wenn eine Heirat uns gefällt, verstehn wir sehr gut, an den Altar zu gehn, ohne daß man uns hinschleppt. Faßt Euch in Geduld, mein Herr; wenn Ihr mich liebt, müßt Ihr alles wollen, was ich will.

THOMAS DIAFOIRUS: Ja, mein Fräulein; nur mit Ausnahme der Interessen dieser meiner Liebe selbst.

ANGELIQUE: Der größte Beweis von Liebe ist aber doch, sich dem Willen der Geliebten zu unterwerfen.

THOMAS DIAFOIRUS: Distinguo, mein Fräulein. In allem, was sich nicht auf ihren Besitz bezieht, concedo. Insofern es aber diesen betrifft, nego.

TOINETTE *(zu Angelique)*: Ihr habt gut Gründe aufzustellen; der Herr kommt frischgemahlen von der Universität und wird Euch nie eine Antwort schuldig bleiben. Wozu wollt Ihr Euch solange sperren und Euch die Ehre entgehn lassen, der Fakultät anzugehören?

BELINDE: Sie hat vielleicht eine Liebschaft im Kopfe!

ANGELIQUE: Wenn das wäre, Frau Mutter, so würde sie der Art sein, daß Vernunft und Ehre sie mir erlaubten.

ARGAN: Meiner Treu, ich spiele bei dem allen eine kuriose Rolle!

BELINDE: Wenn ich wäre wie du, mein Söhnchen, so würde ich sie nicht zwingen, sich zu verheiraten; ich weiß wohl, was ich täte.

ANGELIQUE: Ich weiß, was Ihr sagen wollt, Frau Mutter, und wie gut Ihr's mit mir meint. Es wäre aber doch möglich, daß Eure Ratschläge nicht das Glück hätten, Gehör zu finden.

BELINDE: Das macht, weil ein so musterhaft verständiges und ehrbares Mädchen wie Ihr nichts danach fragt, ihrem Vater gehorsam und seinem Willen untertänig zu sein. Das war ehemals gut.

ANGELIQUE: Die Pflichten einer Tochter, Frau Mutter, haben ihre Grenzen; und Vernunft und Gesetze erstrecken sich nicht auf alles.

BELINDE: Das heißt, Ihr habt keinen andern Gedanken, als zu heiraten, aber Ihr wollt Euch einen Mann nach Eurem eignen Gutdünken aussuchen.

ANGELIQUE: Wenn mir mein Vater nicht einen Mann geben will, der mir gefällt, so werde ich ihn wenigstens beschwören, mich nicht zu zwingen, einen zu nehmen, den ich nicht lieben könnte.

ARGAN: Meine Herren, ich bitte Euch um Vergebung für alles, was hier vorgeht!

ANGELIQUE: Es hat jeder seinen Zweck, wenn er sich verheiratet. Ich meinesteils, die einen Gatten nur will, um ihn wahrhaft zu lieben, und weil ich ihm mein ganzes Leben zu widmen gesonnen bin, – ich gestehe, daß ich mit einiger Vorsicht dabei zu Werke gehe. Es gibt Mädchen, die einen Mann nehmen, nur um sich dem Joch ihrer Eltern zu entziehn und sich in den Stand zu setzen, alles zu tun, was ihnen gefällt. Dann gibt es andre, Frau Mutter, die aus der Ehe eine gewinnsüchtige Spekulation machen, – die nur heiraten, um sich ein Wittum zu verschaffen oder um sich durch den Tod ihrer Eheherren zu bereichern, und die ohne Skrupel einen nach dem andern nehmen, den sie zu beerben hoffen. Solche Frauen brauchen freilich nicht so viel Umstände zu machen, und auf die Person kommt es ihnen wenig an.

BELINDE: Ihr kommt mir heut sehr spitzfindig vor, und ich möchte wissen, auf wen das alles zielen soll?

ANGELIQUE: Ich, Frau Mutter? – Was sollte ich wohl anders sagen wollen, als was ich sage?

BELINDE: Ihr seid so albern, mein Schatz, daß man's nicht länger mit Euch aushalten kann.

ANGELIQUE: Ihr möchtet mich gern dazu bringen, Frau Mutter, Euch eine Unart zu erwidern; aber ich versichre Euch, ich werde Euch dies Vergnügen nicht machen.

BELINDE: Eure Frechheit hat ihresgleichen nicht! –

ANGELIQUE: Nein, Frau Mutter, Ihr mögt sagen, was Ihr wollt.

BELINDE: Und Ihr habt einen lächerlichen Stolz, ein überdreistes Selbstvertrauen, über das alle Welt die Achseln zuckt!

ANGELIQUE: Das alles hilft Euch nichts. Ich werde Euch zum Trotz schweigen; und um Euch die Hoffnung zu nehmen, Ihr könntet Euern Vorsatz erreichen, will ich Euch aus den Augen gehn.

Achte Szene

ARGAN. BELINDE. HERR DIAFOIRUS. THOMAS DIAFOIRUS. TOINETTE

ARGAN *(ruft Angelique nach)*: Höre jetzt, ein Drittes gibt's nicht: entweder du heiratest in vier Tagen diesen Herrn, oder du gehst in ein Kloster. *(Zu Belinde)* Nimm dir's nur nicht zu Herzen, ich werde sie schon zur Vernunft bringen.
BELINDE: Es tut mir leid, dich zu verlassen, mein Söhnchen; aber ich habe etwas in der Stadt zu besorgen, was ich nicht aufschieben kann. Ich bin gleich wieder hier.
ARGAN: Geh, mein Lamm; und sprich bei deinem Notar vor, damit der das Bewußte fertigmacht.
BELINDE. Adieu, mein Kleiner!
ARGAN: Adieu, mein Herzchen!

Neunte Szene

ARGAN. HERR DIAFOIRUS. THOMAS DIAFOIRUS

ARGAN: Das ist eine Frau! Gott, liebt mich die Frau! Es ist gar nicht zu glauben! –
HERR DIAFOIRUS: Wir wollen uns Euch empfehlen, Herr Argan.
ARGAN: Ich bitte Euch, werter Herr, mir doch erst ein wenig zu sagen, wie Ihr mich findet? –
HERR DIAFOIRUS: Jetzt frisch, Thomas, nimm Herrn Argans andern Arm und laß mich hören, ob du ein richtiges Urteil über seinen Puls formulieren wirst. *(Beide fühlen ihm den Puls)* Quid dicis? –
THOMAS DIAFOIRUS: Dico, daß Herrn Argans Puls der Puls eines Mannes ist, der sich nicht wohl befindet.
HERR DIAFOIRUS: Gut! –
THOMAS DIAFOIRUS: Daß dieser Puls duriusculus ist, um nicht zu sagen durus.
HERR DIAFOIRUS: Sehr gut.
THOMAS DIAFOIRUS: Stoßend!

HERR DIAFOIRUS: Bene.
THOMAS DIAFOIRUS: Ja sogar ein wenig bockend.
HERR DIAFOIRUS: Optime!
THOMAS DIAFOIRUS: Was denn auf eine Überfüllung in dem parenchymo splenico, will sagen der Milz, hindeutet.
HERR DIAFOIRUS: Sehr gut.
ARGAN: Nein, Herr Diafoirus; Herr Doktor Purgon behauptet, ich leide an der Leber.
HERR DIAFOIRUS: Nun ja: wer parenchymum sagt, sagt beides, wegen der innigen Sympathie, welche sie beide vermittelst des vas breve, des pylori und mitunter auch des meatus cholidochi miteinander haben. Er verordnet Euch ohne Zweifel hauptsächlich Gebratenes zu essen?
ARGAN: Nein, nur Gekochtes.
HERR DIAFOIRUS: Nun ja; Gebratenes oder Gekochtes; gleichviel. Er ist ganz auf dem rechten Wege, und Ihr konntet nicht in bessere Hände fallen.
ARGAN: Herr Doktor, wieviel Salzkörner muß ich in ein Ei tun?
HERR DIAFOIRUS: Sechs, acht oder zehn, immer nach geraden Zahlen; gleichwie bei Medikamenten nach ungeraden.
ARGAN: Auf Wiedersehen, mein Herr.

Zehnte Szene

ARGAN. BELINDE

BELINDE: Ehe ich ausgehe, mein Söhnchen, muß ich dir etwas mitteilen, das deine ganze Aufmerksamkeit verdient. Als ich bei deiner Tochter Angelique durchs Zimmer ging, sah ich einen jungen Mann, der eilig davonlief, sowie er mich erblickte.
ARGAN: Ein junger Mann bei meiner Tochter!
BELINDE: Ja. Deine Tochter Louison war auch dabei und kann dir davon erzählen.
ARGAN: Schicke sie mir her, mein Lamm, schicke sie mir her. Welche Frechheit! – *(Allein)* Nun wundere ich mich nicht mehr über ihre Widerspenstigkeit.

Elfte Szene

ARGAN. LOUISON

LOUISON: Was befehlt Ihr, lieber Papa? Meine Stiefmama hat mir gesagt, ich sollte zu Euch kommen.

ARGAN: Ja, komm einmal her; immer näher. Drehe dich herum; sieh mir ins Gesicht. He?

LOUISON: Was denn, lieber Papa?

ARGAN: Nun?

LOUISON: Was?

ARGAN: Hast du mir nichts zu sagen?

LOUISON: Soll ich Euch zum Zeitvertreib die Geschichte von der Eselshaut erzählen, oder vielleicht die Fabel vom Raben und dem Fuchs, die ich eben gelernt habe?

ARGAN: Die will ich nicht hören.

LOUISON: Was denn?

ARGAN: Oh, kleine Spitzbübin, du weißt recht gut, was ich meine.

LOUISON: Ach nein, lieber Papa.

ARGAN: Ist das dein Gehorsam?

LOUISON: Was, lieber Papa?

ARGAN: Habe ich dir nicht befohlen, mir gleich alles wiederzusagen, was du sehen würdest?

LOUISON: Ja, lieber Papa.

ARGAN: Hast du das getan?

LOUISON: Ja, lieber Papa, ich habe Euch alles wiedergesagt, was ich gesehen habe.

ARGAN: Und hast du heute nichts gesehen? –

LOUISON: Nein, lieber Papa.

ARGAN: Nicht? –

LOUISON: Nein, lieber Papa.

ARGAN: Gewiß nicht? –

LOUISON: Gewiß nicht.

ARGAN: So! – Nun, dann werde ich dir einmal etwas zeigen. *(Er holt eine Rute)*

LOUISON: Ach, lieber Papa!

ARGAN: Aha! Kleine Hexe! – Du willst mir also nicht sagen, daß du im Zimmer deiner Schwester einen Mann gesehen hast? –

LOUISON *(weint)*: Ach, Papa! –

ARGAN *(nimmt sie beim Arm)*: Siehst du, das wird dich lügen lehren! –

LOUISON *(fällt auf die Knie)*: Ach, lieber Papa, ich bitte um Verzeihung! Meine Schwester hatte mir verboten, es Euch zu sagen; aber ich will Euch alles erzählen.

ARGAN: Vorher werde ich dir aber die Rute geben, weil du gelogen hast. Hernach wollen wir weiter sehen.

LOUISON: Ach, liebster Papa, verzeiht mir! –

ARGAN: Nein, nein! –

LOUISON: Mein Herzenspapa, gebt mir nicht die Rute!

ARGAN: Die bekommst du!

LOUISON: Ums Himmels willen, Papa, nur nicht die Rute!

ARGAN *(hebt die Rute auf)*: Ohne Umstände! –

LOUISON: Ach, Papa, Ihr habt mir einen Schaden getan. Wartet! – Ich sterbe. *(Sie stellt sich tot)*

ARGAN: Herr Gott! Was ist denn das? Louischen! Louischen! – O mein Gott! – Louischen! Ach, ich Unglücklicher! Mein armes Kind ist tot! Was habe ich getan, ich elender Mann? Ach, die schändliche Rute! – Die verfluchte Rute! – Ach, mein armes Kind! – Mein gutes kleines Louischen! –

LOUISON: Gebt Euch nur zufrieden, lieber Papa, weint nicht so sehr; ich bin noch nicht ganz tot.

ARGAN: Da sehe einer die kleine Spitzbübin! Nun, nun, für diesmal soll dir's verziehen sein, wenn du mir alles haarklein erzählst.

LOUISON: Ach, gern, lieber Papa.

ARGAN: Nimm dich aber wohl in acht, das rate ich dir; denn hier ist mein kleiner Finger, der alles weiß, und der sagt mir gleich, wenn du lügst.

LOUISON: Aber, lieber Papa, sagt es ja nicht meiner Schwester wieder, daß ich's Euch erzählt habe.

ARGAN: Nein, nein.

LOUISON *(nachdem sie sich umgesehen hat, ob niemand horcht)*: Es war so, lieber Papa: wie ich bei meiner Schwester war, kam ein Mann ins Zimmer. –

ARGAN: Nun? –

LOUISON: Den fragte ich, was er wollte, und da sagte er mir, er wäre ihr Musikmeister.

ARGAN: Hm! Hm! – Da haben wir's! – Nun?

LOUISON: Darauf kam meine Schwester –

ARGAN: Nun? –

LOUISON: Und sagte zu ihm: Geht, geht, geht; um Gottes willen geht doch; Ihr bringt mich zur Verzweiflung! –

ARGAN: Nun? –

LOUISON: Er wollte aber nicht gehen.

ARGAN: Was antwortete er ihr da?

LOUISON: Er sagte ihr Gott weiß was alles –

ARGAN: Und was denn, zum Beispiel? –

LOUISON: Er sagte ihr bald dies, bald das; daß er sie sehr lieb hätte, und daß sie die Allerschönste wäre …

ARGAN: Und weiter? –

LOUISON: Und dann nachher fiel er vor ihr auf die Knie –

ARGAN: Und dann?

LOUISON: Und dann küßte er ihr die Hände –

ARGAN: Und dann?

LOUISON: Und dann kam meine Stiefmama an die Tür, und da lief er davon.

ARGAN: Und weiter war's nichts? –

LOUISON: Nein, lieber Papa,

ARGAN: Da ist aber mein kleiner Finger, der noch etwas murmelt. *(Hält seinen Finger ans Ohr)* Warte! – He? – Ahh! – So? – Oho! – Mein kleiner Finger sagt mir da noch etwas, was du gesehen hast und hast mir's nicht gesagt.

LOUISON: O Papa, dann lügt Euer kleiner Finger!

ARGAN: Nimm dich in acht! –

LOUISON: Nein, bester Papa, glaubt ihm nicht; ich versichere Euch, er lügt.

ARGAN: Nun, wir wollen sehen. So, nun geh und gib auf alles wohl Achtung. Geh! – *(Allein)* Wahrhaftig, es gibt keine Kinder mehr! – Ach, was habe ich nicht alles auf dem Halse! – Mir bleibt weiß Gott kaum noch soviel Zeit, an meine Krankheit zu denken. Ich bin ganz hin! –
(Er sinkt in seinen Lehnstuhl)

Zwölfte Szene

ARGAN. BERALDE

BERALDE: Nun, Bruder, wie geht's? Wie steht's mit deinem Befinden? –
ARGAN: Ach, Bruder, sehr schlecht.
BERALDE: Wieso, schlecht? –
ARGAN: Jawohl! – Ich bin so matt, daß ich's nicht beschreiben kann.
BERALDE: Das ist ja sehr betrüblich!
ARGAN: Ich habe kaum noch die Kraft zu reden.
BERALDE: Ich war hergekommen, dir eine Partie für meine Nichte Angelique vorzuschlagen.
ARGAN *(steht auf und spricht mit Heftigkeit)*: Bruder, sprich mir nicht von der Spitzbübin. Sie ist eine freche, impertinente Dirne, die ich am morgigen Tage in ein Kloster stecken werde.
BERALDE: Oh, du bist ja recht munter; ich sehe, du kommst wieder ein wenig zu Kräften, und mein Besuch hat dir gut getan; von dem Geschäft können wir ein andermal sprechen. Ich habe dir hier eine Bande von Zigeunern mitgebracht, der ich eben begegnete, die dich zerstreuen und aufheitern soll und dich in bessere Stimmung für meine Vorschläge bringen wird. Sie sind als Mauren verkleidet und werden dir mit ihrem Tanze und ihrem Gesang Vergnügen machen: das wird ebensoviel wert sein, wie ein Rezept des Doktor Purgon. – Kommt herein! –

Dritter Akt

Erste Szene

BERALDE. ARGAN. TOINETTE

BERALDE: Nun, Bruder, wie gefiel dir's? War das nicht ebensogut wie eine Dosis Quassia? –
TOINETTE: Hm! – Gute Quassia ist auch etwas sehr Gutes.
BERALDE: Was meinst du, wenn wir jetzt ein vernünftig Wort miteinander sprächen? –
ARGAN: Gedulde dich noch einen Augenblick, Bruder; ich bin gleich wieder da.
TOINETTE: Seht nur, Herr Argan, Ihr bedenkt gar nicht, daß Ihr nicht ohne Stock gehen könnt.
ARGAN: Da hast du recht.

Zweite Szene

TOINETTE. BERALDE

TOINETTE: Ich bitte Euch, verlaßt nur Eure arme Nichte nicht, Herr Beralde.
BERALDE: Ich werde alles daransetzen, um ihren Wunsch erfüllen zu helfen.
TOINETTE: Wir müssen um jeden Preis die unsinnige Heirat hintertreiben, die er sich in den Kopf gesetzt hat; und ich hatte mir schon überlegt, es wäre gar nicht so übel gewesen, einen Arzt ins Haus zu bringen, über den wir hätten verfügen können und der ihm seinen Herrn Purgon verleidet haben würde. Da aber kein solcher zur Hand ist, bin ich willens, einen Streich auszuführen, den ich mir ersonnen habe.
BERALDE: Was denn?
TOINETTE: Es ist ein abenteuerlicher Einfall: vielleicht habe ich mehr Glück als Verstand dabei; aber laßt mich's versuchen, und tut Ihr das Eurige. Da kommt unser Mann.

Dritte Szene

ARGAN. BERALDE

BERALDE: Vor allen Dingen, Bruder, nimm dir vor, dich bei unserm Gespräch nicht zu ereifern; darum bitte ich dich dringend.

ARGAN: Schon gut! –

BERALDE: Ebenso wünsche ich, daß du auf die Fragen, die ich dir etwa vorlegen könnte, ohne Heftigkeit antwortest.

ARGAN: Ja.

BERALDE: Und über die Sachen, die wir miteinander abzusprechen haben, ohne allen Affekt redest.

ARGAN. Mein Gott, ja doch! – Mir scheint, du machst eine lange Vorrede!

BERALDE: Wie kommt es also, Bruder, daß du bei deinem schönen Vermögen und da du nur die eine Tochter hast – denn die Kleine rechne ich nicht –, wie kommt es, sage ich, daß du auf den Gedanken gerätst, Angelique in ein Kloster zu schicken?

ARGAN: Wie kommt es, Bruder, daß ich Herr in meinem Hause bin und in meiner Familie tun und lassen kann, was mir beliebt?

BERALDE: Deine Frau liegt dir beständig in den Ohren, dich auf diese Art deiner beiden Töchter zu entledigen; und ich zweifle nicht, daß sie aus christlicher Liebe sehr erfreut sein würde, wenn sie aus beiden ein paar fromme Nonnen machen könnte.

ARGAN: Nun ja, da haben wir's. Immer kommt vor allen Dingen die arme Frau an die Reihe; sie ist allein an allem schuld und hat alle Welt zum Feinde.

BERALDE: Gut, Bruder, lassen wir sie ganz beiseite. Sie hat die besten Absichten für deine Familie, sie weiß von keinem Eigennutz, sie hat für dich eine Zärtlichkeit, die ans Wunderbare grenzt, und zeigt deinen Töchtern eine Liebe und Güte, wie man sie kaum begreifen kann; das alles gebe ich zu. Also nichts weiter von ihr, und kommen wir wieder auf deine Tochter. Was denkst du dir eigentlich dabei, Bruder, daß du sie mit dem Sohn eines Arztes verheiraten willst?

ARGAN: Ich denke mir dabei, daß ich dadurch zu einem Schwiegersohn komme, wie ich ihn für mich brauche.
BERALDE. Aber nicht, wie ihn deine Tochter braucht, Bruder; und für die zeigt sich jetzt eine viel passendere Partie.
ARGAN: Kann sein; aber diese paßt mir besser.
BERALDE: Den Mann aber, den sie heiraten soll, Bruder, – nimmt sie den für sich oder für dich?
ARGAN: Er soll für sie und für mich sein, und ich will Leute in meine Familie bringen, die mir nützen können.
BERALDE: Du würdest also nach demselben Grundsatz deine kleine Tochter, wenn sie nur schon erwachsen wäre, einem Apotheker zur Frau geben?
ARGAN: Warum nicht?
BERALDE: Ist's denn möglich, daß du dein ganzes Leben lang auf deine Doktoren und deine Apotheker versessen bleibst und der Natur und allen Menschen zum Trotz krank sein willst?
ARGAN: Was willst du damit sagen, Bruder?
BERALDE: Ich will damit sagen, daß ich keinen Menschen kenne, der weniger krank ist als du, und daß ich mir keine bessere Konstitution wünsche als die deinige. Der beste Beweis, daß du einen vortrefflich organisierten Körper hast, ist der, daß du dich wohl befindest und daß du mit aller Mühe, die dich's gekostet hat, es noch nicht dahin hast bringen können, deine gute Natur zu ruinieren, und nicht längst schon an all den Medizinen, die man dich hat schlucken lassen, draufgegangen bist.
ARGAN: Weißt du denn nicht, Bruder, daß die allein mich erhalten und daß Herr Purgon mir versichert, ich wäre geliefert, wenn er sich nur drei Tage lang nicht um mich kümmerte?
BERALDE: Wenn du dich nicht vorsiehst, wird er sich soviel um dich kümmern, daß er dich in die andre Welt schickt!
ARGAN: Aber laß uns einmal vernünftig reden, Bruder. Du glaubst also nicht an die Medizin?
BERALDE: Nein, Bruder; und ich sehe auch nicht die Notwendigkeit ein, daß man um seines Seelenheils willen an sie glauben muß.

ARGAN: Wie, du glaubst nicht an die Wahrheit einer Sache, die von der ganzen Welt als festgestellt angesehn wird und die alle Jahrhunderte in Ehren gehalten haben?

BERALDE: Ich bin so weit davon entfernt, sie für wahr zu halten, daß sie mir als eine der größten Torheiten vorkommt, die die Menschen sich ausgedacht haben. Und um die Sache philosophisch zu betrachten: mir kommt es wie ein alberner Mummenschanz, wie eine fratzenhafte Lächerlichkeit vor, wenn ein Mensch sich damit befaßt, einen andern kurieren zu wollen.

ARGAN: Und warum, Bruder, sollte ein Mensch den andern *nicht* kurieren können? –

BERALDE: Aus dem einfachen Grunde, Bruder, weil die Triebfedern unsrer Maschine bis jetzt ein Geheimnis geblieben sind, das kein menschliches Auge durchschaut und das die Natur mit einem zu dichten Schleier verhüllt hat, als daß wir etwas davon erkennen könnten.

ARGAN: Nach deiner Ansicht verstehn die Ärzte also nichts?

BERALDE: Doch, Bruder. In der Regel verstehn sie die alten Sprachen recht gut; sprechen ein klassisches Latein und sind imstande, alle Krankheiten griechisch zu nennen, zu beschreiben und in Klassen zu bringen. Aber wie sie zu kurieren sind, davon verstehn sie gar nichts.

ARGAN: Jedenfalls wirst du mir doch das einräumen, daß die Ärzte von dem allen mehr wissen als wir andern?

BERALDE: Sie wissen, was ich dir vorhin gesagt habe, Bruder, und damit kuriert man blutwenig. Glaube mir, die ganze Herrlichkeit ihrer sogenannten Wissenschaft besteht in einem hochtrabenden Galimathias und in einem blendenden Phrasenschwall, der, statt Gründe anzuführen, Worte gibt und Versprechungen statt der Tat.

ARGAN: Aber, um es kurz zu machen, Bruder, – es gibt andre Leute, die ebensoviel Verstand und Einsicht haben wie du und die sich doch alle, wie du siehst, an die Ärzte wenden, wenn sie krank sind.

BERALDE: Das ist ein Beweis der menschlichen Schwachheit, entscheidet aber nichts für die Wahrheit jener sogenannten Wissenschaft.

ARGAN: Die Ärzte selbst müssen aber doch an ihre Kunst glauben, weil sie sich ihrer für sich selbst bedienen?

BERALDE: Nun ja; einige unter ihnen sind selbst in jenem Irrtum des großen Haufens befangen, der ihnen Nutzen bringt; und andere machen sich ihn zunutze, obgleich sie ihn durchschauen. Dein Herr Purgon zum Beispiel gehört zu den Ehrlichen: er ist Arzt vom Kopf bis zu den Füßen; er glaubt an seine Regeln fester als an irgendeinen mathematischen Beweis, und es würde ihm wie eine Sünde vorkommen, sie prüfen zu wollen: für ihn ist in der ganzen Heilkunde nichts dunkel; für ihn gibt es weder einen Zweifel noch eine Schwierigkeit; und mit allem Ungestüm des Vorurteils, mit der starren Schroffheit der Zuversicht und einer brutalen Überhebung über Vernunftgründe und Menschenverstand geht er ins Zeug mit Purganzen und Aderlässen und läßt sich durch nichts irre machen. Man darf ihm alles Unheil, was für dich daraus entstehn kann, kaum vorwerfen; er wird dich mit dem ruhigsten Gewissen in die andre Welt schicken; und wenn er dich umbringt, wird er eben nichts andres tun, als was er an seiner Frau und seinen Kindern getan hat und was er im Notfall an sich selber tun würde.

ARGAN: Ich sehe schon, du hast einen Zahn auf ihn. Aber laß uns zur Sache kommen. Was soll man also machen, wenn man krank ist?

BERALDE: Nichts, Bruder.

ARGAN: Nichts?

BERALDE: Nichts. Man soll sich einfach ruhig verhalten; die Natur, wenn man sie gewähren läßt, hilft sich allmählich selbst. Unsre Ungeduld, unsre Unruhe verdirbt alles, und fast alle Menschen sterben an ihren Arzneien und nicht an ihren Krankheiten.

ARGAN: Du wirst aber doch nicht in Abrede stellen, Bruder, daß man durch gewisse Dinge der Natur helfen kann?

BERALDE: Mein Gott, Bruder, das sind pure Einbildungen, mit denen wir uns nun einmal schmeicheln. Von jeher sind die Menschen auf solche Phantasien verfallen, denen sie sich gern hingeben, weil sie ihnen angenehm sind und weil es zu wünschen wäre, die Sache verhielte sich so. Wenn dir ein Arzt verspricht, er wolle der Natur helfen, sie unterstützen und dir Linderung verschaffen, wolle forträumen, was ihr schadet, und ihr geben, was ihr fehlt, sie wiederherstellen und zur freien Tätigkeit ihrer Funktionen zurückführen; wenn er dir sagt, er gehe darauf aus, dein Blut zu verbessern, dein Gehirn und deine Eingeweide zu temperieren, deine angeschwollne Milz in ihren normalen Zustand zu bringen, deine Brust zu erleichtern, deine Leber zu kurieren, dein Herz zu stärken, deine natürliche Wärme wiederherzustellen, und wenn er dir zu verstehn gibt, er besitze geheime Mittel, dein Leben auf viele Jahre zu verlängern, so gehört das samt und sonders zu dem Roman der Heilkunde. Kommt es aber dann zur Probe, und du fragst die Erfahrung, so findest du von alldem nichts, und es verhält sich damit wie mit einem schönen Traum, der dir beim Erwachen nur das Mißbehagen zurückläßt, an ihn geglaubt zu haben.

ARGAN: Du glaubst also, daß dein Kopf alle Weisheit der Welt in sich einschließt und daß du mehr weißt, als alle großen Ärzte unsrer Zeit?

BERALDE: Leider sind nur deine großen Ärzte zwei sehr verschiedene Arten von Leuten: wenn du sie sprechen hörst, die geschicktesten Männer von der Welt; siehst du aber was sie tun, die erbärmlichsten Stümper, die es gibt.

ARGAN: Allen Respekt! Du bist, wie ich sehe, ein großer Gelehrter; und ich wünschte nur, es wäre einer von den Herren zugegen, um dich mit deinen Schlüssen in die Enge zu treiben und deiner Redseligkeit einen Riegel vorzuschieben.

BERALDE: Ich habe mir ja gar nicht die Aufgabe gestellt, die Arzneiwissenschaft vor der Welt zu bekämpfen; mag doch jeder auf seine Gefahr und seine Kosten davon glauben, was ihm gut dünkt. Was ich darüber sage, gilt nur für uns beide; ich hätte dich gern ein wenig aus dem Irrtum gezogen, in dem du steckst, und möchte dich, was dies Kapitel anlangt, zu deiner Unterhaltung einmal in eines der Molièreschen Lustspiele führen.

ARGAN: Dein Molière wäre mir grade der Rechte mit seinen unverschämten Komödien! Ich finde es unerhört von ihm, sich über so brave Männer wie unsre Ärzte lustig machen zu wollen.

BERALDE: Es sind ja nicht die Ärzte, über die er sich lustig macht, sondern die Hirngespinste ihrer Wissenschaft.

ARGAN: Als ob er der Mann danach wäre, die Arzneiwissenschaft zu meistern! – Wie darf solch ein dreister, vorwitziger Faselhans sich erlauben, über Konsultationen und Rezepte sich aufzuhalten, an der ganzen Fakultät sich zu vergreifen und so ehrwürdige Personen wie unsre Doktoren auf sein Theater zu bringen? –

BERALDE: Wen soll er denn sonst aufs Theater bringen, als die verschiedenen Stände und Professionen der Menschen? – Bringt man ja doch alle Tage Fürsten und Könige auf die Bühne, die doch von ebenso guten Hause sind wie die Ärzte.

ARGAN: Nun, so soll mich doch, hätte ich bald gesagt, der Teufel holen: wenn ich wie die Ärzte wäre, ich rächte mich an ihm für seine Frechheit, und wenn er krank würde, ich ließe ihn ohne Hilfe sterben. Da möchte er dann tun und sagen, was er wollte, ich verordnete ihm nicht den kleinsten Aderlaß, nicht das geringste kleine Klistier und spräche zu ihm: Fahr du nur ab! Das wird dich lehren, ein andermal deinen Witz an der Fakultät auszulassen!

BERALDE: Du bist ja sehr ergrimmt gegen ihn!

ARGAN: Ja. Er ist ein einfältiger Mensch, und wenn die Ärzte klug sind, tun sie, wie ich dir sage.

BERALDE: Er wird schon noch klüger sein als deine Ärzte und sich gar nicht an sie wenden.

ARGAN: Desto schlimmer für ihn, wenn er ihre Mittel verschmäht!

BERALDE: Er hat seine guten Ursachen, wenn ihn nicht danach verlangt; denn er behauptet, das dürften sich nur robuste und kräftige Naturen erlauben, die stark genug sind, außer der Krankheit noch die Mittel auszuhalten; während er nur grade soviel Kräfte habe, die Krankheit allenfalls zu überstehn.

ARGAN: Was für einfältige Gründe er da anführt! – Höre, Bruder, sprechen wir nicht mehr von diesem Menschen, denn das bringt mir die Galle in Bewegung und könnte mir einen Rückfall zuziehen.

BERALDE: Sehr gern; und um von etwas anderm zu reden, will ich nur sagen, daß du wegen der kleinen Widersetzlichkeit, die dir deine Tochter gezeigt hat, doch nicht gleich den gewaltsamen Entschluß fassen darfst, sie in ein Kloster zu schicken; und daß du, was die Wahl eines Schwiegersohns betrifft, nicht blindlings dem Affekt folgen darfst, der dich hinreißt. Man muß sich in solchen Dingen ein wenig nach der Neigung einer Tochter richten, weil das Glück ihrer Ehe und ihres Lebens auf dem Spiele steht.

Vierte Szene

HERR FLEURANT *(mit einer Spritze in der Hand)*. ARGAN. BERALDE

ARGAN: Ach, Bruder, mit deiner Erlaubnis …

BERALDE: Wie? Was hast du denn vor?

ARGAN: Nur eine kleine Injektion; es ist gleich geschehn.

BERALDE: Du spaßest! Kannst du denn nicht einen Augenblick ohne Injektion oder ohne Medizin leben? Verschiebe es auf ein andermal und gönne dir einmal ein wenig Ruhe.

ARGAN: Heut abend, Herr Fleurant, oder morgen früh!

HERR FLEURANT *(zu Beralde)*: Was fällt Euch ein, daß Ihr Euch den ärztlichen Verordnungen widersetzt und mich hindern wollt, Herrn Argan mein Klistier zu applizieren? Ich finde Euch sehr sonderbar, sich eine solche Dreistigkeit herauszunehmen!

BERALDE: Geht, mein Herr. Man sieht, daß Ihr nicht daran gewöhnt seid, Gesichter vor Euch zu haben.

HERR FLEURANT: Es ist unerlaubt, mit Medikamenten seinen Spott zu treiben und mich um meine Zeit zu bringen. Ich bin nur auf gemessene Vorschrift hierher gekommen und werde Herrn Purgon melden, wie man mich verhindert hat, seinem Befehl Folge zu leisten und meine Funktion auszuüben. Ihr sollt schon sehn, Ihr sollt schon sehn ...

Fünfte Szene

ARGAN. BERALDE

ARGAN: Bruder, du wirst ein Unglück angerichtet haben.

BERALDE: Das große Unglück, um ein Klistier zu kommen, das Herr Purgon verordnet hatte! – Noch einmal, Bruder, ist's denn möglich, daß es kein Mittel geben sollte, dich von der Krankheit der Ärzte zu kurieren, und willst du dich wirklich dein ganzes Leben hindurch in ihren Rezepten vergraben?

ARGAN: Mein Gott, Bruder, du sprichst wie jemand, der sich wohl befindet; wenn du aber an meiner Stelle wärst, du würdest ganz anders reden. Es ist nichts leichter, als gegen die Medizin zu eifern, wenn man völlig gesund ist.

BERALDE: Aber was fehlt dir denn eigentlich? –

ARGAN: Du wirst mich noch ernstlich böse machen. Ich wünschte nur, du hättest meine Krankheit, und möchte wohl wissen, ob du dann soviel schwatzen würdest. Ah, da kommt Herr Purgon.

Sechste Szene

HERR PURGON. ARGAN. BERALDE. TOINETTE

HERR PURGON: Schöne Neuigkeiten, die ich da eben unten an der Tür erfahre! – Man spottet hier über meine Rezepte und weigert sich, das von mir verordnete Mittel zu nehmen?

ARGAN: Herr Doktor, ich war ...

HERR PURGON: Das ist ja ein nie dagewesenes Unterfangen, eine unerhörte Rebellion eines Kranken gegen seinen Arzt! –

TOINETTE: Es ist entsetzlich! –

HERR PURGON: Ein Klistier, das ich recht con amore selbst bereitet ...

ARGAN: Ich war nicht schuld ...

HERR PURGON: Und nach allen Regeln der Kunst erfunden und zusammengestellt hatte ...

TOINETTE: Er hat unrecht!

HERR PURGON: Und das eine stupende Wirkung hervorgebracht haben würde ...

ARGAN: Mein Bruder ...

HERR PURGON: Mit Verachtung zurückzuschicken! –

ARGAN *(zeigt auf Beralde)*: Er war's ...

HERR PURGON: Das ist eine himmelschreiende Tat.

TOINETTE: Das ist wahr! –

HERR PURGON: Ein frevelhaftes Attentat auf die Wissenschaft –

ARGAN *(zeigt auf Beralde)*: Er redete mir zu ...

HERR PURGON: Ein crimen laesae Facultatis, das nicht streng genug bestraft werden kann.

TOINETTE: Ihr habt ganz recht.

HERR PURGON: Ich erkläre hiermit, daß ich meine Hand von Euch abziehe ...

ARGAN: Es war mein Bruder ...

HERR PURGON: Daß ich von der Verschwägerung mit Euch nichts mehr wissen will –

TOINETTE: Das macht Ihr recht.

HERR PURGON: Und daß ich, um alle Verbindung mit Euch auf-

zuheben, die Donation, die ich zugunsten seiner Heirat meinem Neffen machen wollte, hier vor Euren Augen zerreiße.
(Er wirft ihm die zerrissene Akte vor die Füße)
ARGAN: Mein Bruder ist an dem ganzen Unglück schuld!
HERR PURGON: Mein Klistier verachten! –
ARGAN: Laßt es kommen, ich will es nehmen! –
HERR PURGON: Ich hätte Euch in kurzem aus aller Not geholfen –
TOINETTE: Er verdient es nicht!
HERR PURGON: Ich stand im Begriff, grade jetzt Euren Körper zu reinigen und alle bösen Säfte gründlich auszutreiben –
ARGAN: Ach, Bruder!
HERR PURGON: Und hätte Euch höchstens noch ein Dutzend Medizinen zugedacht, um rein Haus zu machen.
TOINETTE: Er ist Eurer Sorgfalt nicht wert! –
HERR PURGON: Aber weil Ihr durch meine Hand nicht habt kuriert sein wollen –
ARGAN: Es ist ja nicht meine Schuld!
HERR PURGON: Weil Ihr Euch gegen den Gehorsam aufgelehnt habt, den man seinen Ärzten schuldig ist –
TOINETTE: Das schreit um Rache.
HERR PURGON: Weil Ihr als offener Rebell gegen die Mittel protestiert habt, die ich Euch vorschrieb –
ARGAN: Ach, ganz und gar nicht! –
HERR PURGON: So will ich Euch hiermit erklärt haben, daß ich Euch Eurer schlechten Konstitution, der Verstimmung Eurer Eingeweide, der Verderbnis Eures Bluts, der Schärfe Eurer Galle und der Verschleimung Eurer Säfte überlasse –
TOINETTE: Das macht Ihr ganz recht.
ARGAN: Ach Gott! –
HERR PURGON: Und will, daß Ihr Euch, ehe vier Tage ins Land gegangen sind, in einem inkurabeln Zustande befindet –
ARGAN: Erbarmt Euch meiner! –
HERR PURGON: Daß Ihr der Bradypepsie anheimfallen sollt.
ARGAN: Herr Purgon!

HERR PURGON: Daß Ihr aus der Bradypepsie in die Dyspepsie geratet.
ARGAN: Herr Purgon!
HERR PURGON: Aus der Dyspepsie in die Aspepsie –
ARGAN: Herr Purgon!
HERR PURGON: Aus der Aspepsie in die Lienterie-
ARGAN: Herr Purgon!
HERR PURGON: Aus der Lienterie in die Dyssenterie –
ARGAN: Herr Purgon!
HERR PURGON: Aus der Dyssenterie in die Hydropisie –
ARGAN: Herr Purgon!
HERR PURGON: Und aus der Hydropisie in die Agonie, oder mit andern Worten in das letzte Lebensstadium, als wohin Eure Torheit Euch geführt haben wird.

Siebente Szene

ARGAN. BERALDE

ARGAN: Ach, mein Gott! Ich bin tot. Bruder, du hast mich ins Unglück gestürzt.
BERALDE: Was fällt dir ein? Was gibt's denn?
ARGAN: Ich kann nicht mehr. Ich fühle schon, wie die Arzneikunst sich an mir rächt.
BERALDE: Meiner Treu, Bruder, du bist nicht recht gescheit, und ich möchte um alles in der Welt nicht, daß ein andrer dich in diesem Zustand sähe. Fasse dich, komm zu dir selbst und laß dich nicht so ganz von deiner Einbildungskraft beherrschen.
ARGAN: Hast du gehört, Bruder, mit was für schrecklichen Krankheiten er mir gedroht hat?
BERALDE: Sei doch nicht so einfältig!
ARGAN: In vier Tagen, sagte er, soll ich in einem inkurabeln Zustande sein!
BERALDE: Und weil er's sagt, muß es denn deshalb geschehen? War's denn ein Orakelspruch, was wir vernommen haben?

Sollte, wer dich reden hört, nicht glauben, Herr Purgon hielte deinen Lebensfaden in seiner Hand und hätte die unumschränkteste Macht, ihn nach seinem Gefallen fortzuspinnen oder abzuschneiden? Bedenke doch, daß du deinen Lebensquell in dir selbst trägst und daß aller Zorn deines Herrn Purgon so wenig fähig ist, dich zu töten, wie seine Mittel imstande sind, dich am Leben zu erhalten. Du hast jetzt eine Veranlassung, dir alle Ärzte vom Halse zu schaffen, – oder wenn du einmal dazu geboren bist, nicht ohne sie existieren zu können, so wird es nicht schwer halten, einen andern zu finden, mit dem du weniger Gefahr läufst.

ARGAN: Ach, Bruder, er kennt aber mein ganzes Temperament und die Art, wie ich behandelt werden soll.

BERALDE: Ich muß dir gestehen, deine Verblendung ist unerhört, und du siehst die Dinge in einem wunderlichen Licht.

Achte Szene

ARGAN. BERALDE. TOINETTE

TOINETTE *(zu Argan)*: Herr Argan, draußen ist ein Doktor, der Euch sprechen will.

ARGAN: Was für ein Doktor?

TOINETTE: Ein Doktor der Medizin.

ARGAN: Ich frage, wie er heißt?

TOINETTE: Ich kenne ihn nicht, aber er gleicht mir wie ein Ei dem andern; und wenn ich nicht wüßte, daß meine Mutter eine ehrliche Frau war, so würde ich sagen, er wäre irgendein Brüderchen, das sie mir nach dem Tode meines Vaters geschenkt hätte.

ARGAN: Laß ihn hereinkommen.

Neunte Szene

ARGAN. BERALDE

BERALDE: Das trifft sich ja nach Wunsch; kaum verläßt dich ein Arzt, so ist schon ein anderer da.
ARGAN: Ich fürchte, ich fürchte, du hast ein Unglück angerichtet!
BERALDE: Noch immer? Kannst du denn den Gedanken gar nicht los werden?
ARGAN: Siehst du, alle die entsetzlichen, unbekannten Krankheiten liegen mir auf dem Herzen, ich fühle …

Zehnte Szene

ARGAN. BERALDE. TOINETTE *(im Doktorhabit)*

TOINETTE: Mein Herr, erlaubt, daß ich Euch meinen Besuch abstatte und Euch für alle Aderlässe und Purganzen, die Ihr etwa nötig haben werdet, meine geringen Dienste anbiete.
ARGAN: Mein Herr, ich bin Euch sehr verbunden. *(Zu Beralde)* Meiner Treu, das ist ja die leibhaftige Toinette!
TOINETTE: Mein Herr, nehmt es ja nicht übel; ich habe vergessen, meinem Diener einen Auftrag zu geben; ich werde sogleich wieder hier sein.

Elfte Szene

ARGAN. BERALDE

ARGAN: Hättest du nicht darauf geschworen, es sei wirklich Toinette selbst?
BERALDE: Ich muß sagen, die Ähnlichkeit ist unglaublich groß; aber man hat schon viel von dergleichen gehört, und solche Naturspiele wiederholen sich sehr oft.
ARGAN: Ich bin ganz erstaunt darüber, und …

Zwölfte Szene

ARGAN. BERALDE. TOINETTE

TOINETTE: Was befehlt Ihr, Herr Argan?
ARGAN: Wie?
TOINETTE: Habt Ihr mich nicht eben gerufen?
ARGAN: Ich? Nein!
TOINETTE: So müssen mir die Ohren geklungen haben.
ARGAN: Bleib doch ein wenig hier, damit du die Ähnlichkeit mit dem Doktor vergleichen kannst!
TOINETTE: Ach was! Ich habe in der Küche zu tun und habe ihn genug gesehen.

Dreizehnte Szene

ARGAN. BERALDE

ARGAN: Wenn ich sie nicht beide zusammen sähe, so bliebe ich dabei, es wäre eine und dieselbe Person.
BERALDE: Ich habe die wunderbarsten Dinge über solche Ähnlichkeiten gelesen, und es sind zu unserer Zeit Fälle vorgekommen, wo jeder getäuscht ward.
ARGAN: Diesmal wäre ich auch getäuscht worden und hätte darauf geschworen, sie sei es.

Vierzehnte Szene

ARGAN. BERALDE. TOINETTE *(als Arzt)*

TOINETTE: Mein Herr, ich bitte nochmals tausendmal um Vergebung.
ARGAN *(leise zu Beralde)*: Es ist zum Erstaunen!
TOINETTE: Ihr werdet es hoffentlich nicht für ungut nehmen, daß ich neugierig war, einen so berühmten Kranken wie Euch

kennenzulernen; und Euer weitverbreiteter Ruf möge die Freiheit entschuldigen, die ich mir genommen habe.

ARGAN: Mein Herr, ich bin Euer Diener.

TOINETTE: Ich sehe, mein Herr, daß Ihr mich scharf ins Auge faßt. Wie alt meint Ihr wohl, daß ich sei?

ARGAN: Ich sollte meinen, Ihr könntet höchstens sechsundzwanzig oder siebenundzwanzig Jahre alt sein.

TOINETTE: Hahahahaha! – Neunzig Jahr bin ich alt.

ARGAN: Neunzig?

TOINETTE: Ja. Das ist die Wirkung der Geheimnisse meiner Kunst, mich so frisch und kräftig zu erhalten.

ARGAN: Auf Ehre, das nenne ich einen hübschen jungen Greis für neunzig Jahre! –

TOINETTE: Ich bin ein reisender Arzt, der von Stadt zu Stadt, von Provinz zu Provinz, von einem Königreich ins andere zieht, um Patienten aufzusuchen, die meiner Sorgfalt würdig sind und an denen es der Mühe wert ist, die großen und schönen Geheimnisse zu verwenden, die ich in der Arzneikunst entdeckt habe. Ich verschmähe es, mich mit dem kleinen Gesindel der alltäglichen Zufälle zu befassen, mit dem winzigen Geschmeiß von Rheumatismen und Flüssen, mit kleinen Fieberchen, Nervenleiden und Kopfschmerzen. Ich will nachhaltige, solide Krankheiten; schwere, gute anhaltende Fieber mit Gehirnentzündungen; gute Scharlachfieber, gute Pesten, gute ausgebildete Wassersuchten, gutes Seitenstechen mit Brustinflammationen; das ist mein Element, in dem ich mich wohlfühle, da finde ich meine Triumphe, und ich wünschte, mein Herr, Ihr hättet alle die Krankheiten, die ich eben nannte, Ihr wäret von allen Ärzten aufgegeben und lägt ohne Hoffnung in den letzten Zügen, um Euch die Vortrefflichkeit meiner Mittel zu beweisen und Euch zu zeigen, wie gern ich Euch zu Dienst stehen möchte.

ARGAN: Ich danke Euch, mein Herr, für Eure große Güte.

TOINETTE: Gebt mir doch ein wenig Euern Puls. – Höre, daß du mir schlägst, wie sich's gehört; warte nur, ich will dir schon beibringen, daß du mir gehst, wie du sollst. Ei Sapperment, der Puls da macht sich sehr unnütz; ich sehe schon, mein Freund, du kennst mich noch nicht. – Wer ist denn Euer Arzt?

ARGAN: Herr Purgon.

TOINETTE: Der Name steht nicht in meinem Notizbuch unter den großen Ärzten eingetragen. Woran, sagt er denn, daß Ihr krank wäret?

ARGAN: Er sagt mir, es sei ein Leberleiden; andere sprechen, es käme aus der Milz.

TOINETTE: Dummes Zeug! – An der Lunge seid Ihr krank.

ARGAN: An der Lunge?

TOINETTE: Ja. Was fühlt Ihr?

ARGAN: Ich fühle von Zeit zu Zeit Kopfschmerzen.

TOINETTE: Ganz recht, die Lunge.

ARGAN: Mir ist mitunter, als hätte ich einen Flor vor den Augen.

TOINETTE: Die Lunge.

ARGAN: Zuweilen wird mir übel.

TOINETTE: Die Lunge.

ARGAN: Ich fühle mitunter eine Müdigkeit in allen Gliedern.

TOINETTE: Die Lunge.

ARGAN: Und zuweilen sticht mir's im Leibe, als hätte ich die Kolik.

TOINETTE: Die Lunge. – Ihr habt Appetit, wenn Ihr eßt?

ARGAN: Ja, Herr Doktor.

TOINETTE: Die Lunge. Ihr trinkt gern ein wenig Wein?

ARGAN: Ja, Herr Doktor.

TOINETTE: Die Lunge. Nach Tisch habt ihr eine kleine Anwandlung von Müdigkeit und wollt gern schlafen?

ARGAN: Ja, Herr Doktor.

TOINETTE: Alles die Lunge, sage ich; alles die Lunge. Was für eine Diät verordnet Euch denn Euer Arzt?

ARGAN: Er verordnet Suppe mit Brotschnitten –

TOINETTE: Ignorant!

ARGAN: Geflügel –

TOINETTE: Ignorant!

ARGAN: Kalbfleisch –
TOINETTE: Ignorant!
ARGAN: Fleischbrühe –
TOINETTE: Ignorant!
ARGAN: Frische Eier –
TOINETTE: Ignorant!
ARGAN: Abends gekochte Prünellen, um den Leib freizuerhalten –
TOINETTE: Ignorant!
ARGAN: Und vor allen Dingen viel Wasser in meinem Wein.
TOINETTE: Ignorantus, ignoranta, ignorantum. Ihr müßt Euren Wein ohne Wasser trinken; und um Euer Blut zu heben – denn Ihr habt viel zu wenig Blut, – müßt Ihr gutes derbes Rindfleisch essen, – gutes derbes Schweinefleisch, – guten holländischen Käse, Grütze und Reis, Kastanien und Oblaten essen, kurz etwas, was da klebt und zusammenkleistert. Euer Arzt ist ein Dummkopf; ich will Euch einen von meinen jungen Leuten schicken und werde von Zeit zu Zeit bei Euch vorsprechen, solange ich mich hier aufhalte.
ARGAN: Ich werde Euch sehr verbunden sein.
TOINETTE: Was zum Henker macht Ihr eigentlich mit diesem Arm da?
ARGAN: Wie meint Ihr?
TOINETTE: Wenn ich wäre wie Ihr, den Arm ließe ich mir auf der Stelle abnehmen.
ARGAN: Und warum?
TOINETTE: Seht Ihr denn nicht, daß er alle Nahrung an sich zieht und die andere Seite hindert, zuzunehmen?
ARGAN: Ja, ich kann aber doch meinen Arm nicht missen!
TOINETTE: Ihr habt da auch ein rechtes Auge; das müßte mir heraus, wenn ich an Eurer Stelle wäre.
ARGAN: Ich sollte ein Auge hergeben?
TOINETTE: Seht Ihr denn nicht, daß es dem andern Abbruch tut und ihm seine Nahrung raubt? – Glaubt mir, laßt es Euch je eher je lieber ausstechen; Ihr werdet um soviel besser mit dem linken sehen.

ARGAN: Nun, das eilt wenigstens nicht.
TOINETTE: Lebt wohl. Es tut mir leid, Euch so bald zu verlassen; aber ich werde bei einer großen Konsultation erwartet, die wir wegen eines Kranken halten, der gestern gestorben ist.
ARGAN: Wegen eines Kranken, der gestern gestorben ist?
TOINETTE: Ja, um sich darüber einig zu werden und ausfindig zu machen, was hätte geschehen müssen, um ihn gesund zu machen. Auf Wiedersehen.
ARGAN: Ihr wißt, daß die Kranken das Geleit nicht geben.

Fünfzehnte Szene

ARGAN. BERALDE

BERALDE: Der Mann scheint mir in der Tat ein sehr geschickter Arzt zu sein!
ARGAN: Ja; aber er geht mir doch zu sehr ins Zeug.
BERALDE: Das tun alle großen Ärzte.
ARGAN: Mir einen Arm abnehmen und mir ein Auge ausstechen, damit die andere Seite sich besser befinde? Ich will denn doch lieber bleiben wie ich bin. Schöne Prozedur, mich halb blind und halb lahm zu machen! –

Sechzehnte Szene

ARGAN. BERALDE. TOINETTE

TOINETTE *(stellt sich, als ob sie draußen mit jemand spräche)*: Geht nur, geht! Ich bin Eure Dienerin; ich habe keine Lust zu spaßen.
ARGAN: Was gibt es denn?
TOINETTE: Ei, Euer Doktor, der mir wahrhaftig eben den Puls fühlen wollte!
ARGAN: Seht mir doch! Bei seinen neunzig Jahren! –
BERALDE: Wie aber nun die Sache steht, Bruder, und weil dein

Herr Purgon dir den Handel aufgesagt hat, – ließe sich jetzt nicht vielleicht ein Wort mit dir über die Partie reden, die sich für meine Nichte gefunden hat? –

ARGAN: Nein, Bruder; ich will sie in ein Kloster tun, weil sie sich meinem Willen widersetzt hat. Ich sehe wohl, daß eine Liebelei dahintersteckt, und habe eine gewisse geheime Zusammenkunft entdeckt, von der man nicht weiß, daß ich dahintergekommen bin.

BERALDE: Ei nun, lieber Bruder, – selbst wenn auch eine kleine Liebschaft vorhanden wäre, willst du das als ein Verbrechen ansehen? Und kann dir das so zuwider sein, wenn sich's auf einen so ehrlichen, guten Zweck, wie eine Heirat richtet? –

ARGAN: Dem sei wie ihm wolle, Bruder, sie soll Nonne werden; das steht fest bei mir.

BERALDE: Du willst jemand eine Freude machen.

ARGAN: Ich verstehe dich. Du kommst immer wieder darauf zurück und hast nur meine Frau im Sinn.

BERALDE: Also ja, Bruder: wenn ich aufrichtig reden soll, so meine ich auch deine Frau. Ebensowenig wie deine Liebhaberei für die Ärzte kann ich deine Verblendung für sie gutheißen und ruhig mit ansehen, wie du mit offenen Augen in alle die Fallen gehst, die sie dir stellt.

TOINETTE: Ah, Herr Beralde, sagt ja nichts gegen Madame. Das ist eine Frau, an der nichts auszusetzen ist, eine Frau ohne alle Arglist, die ihren Mann liebt, – nein, es ist gar nicht zu sagen, wie sehr sie ihn liebt.

ARGAN: Frage Toinette nur einmal, wie sie mich verzieht.

TOINETTE: Das ist wahr! –

ARGAN: Was meine Krankheit ihr für Sorgen macht –

TOINETTE: Jawohl!

ARGAN: Und wie sie sich immer um mich kümmert und sich abmüht!

TOINETTE: Das ist gewiß. *(Zu Beralde)* Wollt Ihr, daß ich Euch gleich überführe und Euch zeige, wie sie unsern Herrn liebt? *(Zu Argan)* Herr Argan! Erlaubt mir, ihm zu beweisen, daß er wie ein Gelbschnabel urteilt, und ihm aus seinem Irrtum zu helfen.

ARGAN: Wie willst du das anstellen?

TOINETTE: Madame wird gleich wiederkommen. Legt Euch lang ausgestreckt in euern Lehnstuhl und stellt Euch tot. Da sollt Ihr eine Verzweiflung sehen, wenn ich's ihr beibringen werde.

ARGAN: Das wollen wir machen.

TOINETTE: Ja, aber Ihr dürft sie nicht zu lange in ihrem Jammer lassen, denn sie könnte leicht darüber sterben.

ARGAK: Sei ganz ruhig.

TOINETTE *(zu Beralde)*: Und Ihr, versteckt Euch dort in der Ecke.

Siebzehnte Szene

ARGAN. TOINETTE

ARGAN: Es ist doch nicht gefährlich, sich tot zu stellen?

TOINETTE: Nein, nein! Was könnte für Gefahr dabei sein? Streckt Euch nur aus. *(Leise)* Es wird Euch das Vergnügen verschaffen, Euern Bruder zu beschämen. Da kommt Madame; haltet Euch nur recht ruhig! –

Achtzehnte Szene

BELINDE. ARGAN *(in seinem Lehnstuhl ausgestreckt)*. TOINETTE

TOINETTE *(stellt sich, als ob sie Belinden nicht sehe)*: Ach du mein Gott! – Ach, das Unglück! Welcher entsetzliche Zufall!

BELINDE: Was gibt's denn, Toinette?

TOINETTE: Ach, Madame!

BELINDE: Was ist geschehn?

TOINETTE: Euer Mann ist gestorben.

BELINDE: Mein Mann ist gestorben? –

TOINETTE: Ach Gott, ja! – Der liebe selige Herr ist tot!

BELINDE: Ganz gewiß?

TOINETTE: Ja, ganz gewiß. Niemand weiß es noch; ich war hier ganz allein. Er ist in meinen Armen verschieden. Seht nur, da liegt er der Länge lang in seinem Stuhle.

BELINDE: Gott sei gelobt! Da bin ich von einer großen Last befreit. Bist du nicht eine Närrin, Toinette, dich darüber zu grämen!

TOINETTE: Ich dachte, Madame, ich müßte weinen.

BELINDE: Geh mir doch, es ist ja nicht der Mühe wert. Was ist denn an ihm verloren, und was war er in der Welt nütze? – Ein Mensch, der jedem beschwerlich war, unreinlich und widerlich, der immer ein Klistier oder eine Medizin im Leibe hatte, der nichts tat, als sich schnauben, husten und spucken, und dabei langweilig, ohne Witz, immer verdrießlich; der die Leute abhetzte und Tag und Nacht auf das Gesinde schalt ...

TOINETTE: Eine schöne Grabrede! –

BELINDE: Jetzt mußt du mir nun beistehen, Toinette, und du kannst sicher sein, daß, wenn du mir hilfst, deine Belohnung nicht ausbleiben wird. Weil zum größten Glück noch niemand etwas von der Sache weiß, wollen wir ihn gleich in sein Bett tragen und seinen Tod geheimhalten, bis ich meine Angelegenheiten in Ordnung gebracht habe. Es sind Papiere und ist auch Geld da, die ich beide erst in Sicherheit bringen muß: es wäre wahrhaftig nicht richtig, wenn ich meine besten Jahre ohne Nutzen bei ihm verschwendet haben sollte. Komm, Toinette; laß uns vor allen Dingen seinen Schlüssel nehmen ...

ARGAN *(aufspringend)*: Sachte! –

BELINDE: Hu!

ARGAN: Ja, Madame! – Das also ist Eure Liebe?

TOINETTE: Ach du meine Güte! – Der selige Herr ist also nicht tot? –

ARGAN *(Belinden nachrufend)*: Ich freue mich, endlich zu sehen, wie es mit Eurer Freundschaft steht, und die schöne Lobrede mit angehört zu haben, die Ihr mir hieltet. Das war eine Lehre, die mich für die Zukunft klüger machen und mich von vielem abhalten soll, was ich tun wollte!

Neunzehnte Szene

BERALDE *(aus seinem Versteck kommend).* ARGAN. TOINETTE

BERALDE: Nun, Bruder? Hast du's jetzt gesehen? –
TOINETTE: Meiner Treu, das hätte ich nicht für möglich gehalten. Aber ich höre Eure Tochter: legt Euch wieder hin, wie vorher, und laßt uns einmal sehen, was sie zu Eurem Tode sagen wird. Es ist nicht übel, darüber ins reine zu kommen, und weil Ihr einmal im Zuge seid, könnt Ihr Euch so am besten davon überzeugen, wie Eure Familie gegen Euch gesinnt ist.
(Beralde versteckt sich wieder)

Zwanzigste Szene

ARGAN. ANGELIQUE. TOINETTE

TOINETTE *(stellt sich, als ob sie Angelique nicht sähe)*: O du mein Himmel! Ach! – Schreckliches Schicksal! – Ach, welch ein Unglückstag! –
ANGELIQUE: Was hast du, Toinette? Worüber weinst du?
TOINETTE: Ach, ich habe eine traurige Nachricht für Euch!
ANGELIQUE: Nun? –
TOINETTE: Denkt nur! Euer Vater ist tot.
ANGELIQUE: Mein Vater ist tot, Toinette?!
TOINETTE: Ja. Da könnt Ihr ihn sehen! Er ist eben vor einigen Minuten an einer Ohnmacht gestorben, die ihn überfiel.
ANGELIQUE: O Gott, welches Unglück! Welcher grausame Schlag! Ach! – Muß ich meinen Vater verlieren, das einzige, was ich auf der Welt hatte, und noch dazu, um mich völlig zur Verzweiflung zu bringen, in einem Augenblick, wo er mir zürnte! Was soll aus mir werden, ich Unglückselige, und wo soll ich Trost finden nach einem solchen Verlust? –

Einundzwanzigste Szene

ARGAN. ANGELIQUE. CLÉANTE. TOINETTE

CLÉANTE: Was ist Euch, meine teure Angelique? Worüber weint Ihr?

ANGELIQUE: Ach! Ich beweine, was ich im Leben Liebstes und Unersetzlichstes verlieren konnte; ich beweine den Tod meines Vaters.

CLÉANTE: O Himmel, welch ein Zufall! Welches unerwartete Schicksal! – Ach! Nachdem Euer Oheim auf meine flehentlichen Bitten meine Werbung bei ihm übernommen, wollte ich jetzt eben mich ihm vorstellen und es versuchen, durch meine ehrerbietigen Bitten ihn zu bewegen, daß er mir Eure Hand gewähre.

ANGELIQUE: Ach, Cléante, lassen wir das ruhen; ich gebe jetzt alle Heiratsgedanken auf. Nachdem ich meinen Vater verloren, will ich von der Welt nichts mehr wissen und entsage ihr für immer. Ja, mein Vater, wenn ich vorhin deinem Willen entgegen war, will ich jetzt wenigstens einen deiner Wünsche erfüllen und so den Verdruß wiedergutmachen, den ich mir vorwerfe, dir verursacht zu haben. *(Sie wirft sich ihm zu Füßen)* Laß mich, mein Vater, dir hier mein Wort geben und in dieser Umarmung meine Dankbarkeit aussprechen! –

ARGAN *(umarmt seine Tochter)*: Ah, meine Tochter! –

ANGELIQUE: O Himmel! –

ARGAN: Komm! Fürchte dich nicht, ich bin nicht tot. Ja, du bist mein echtes Blut, meine wahre Tochter, und ich freue mich, daß ich dein gutes Gemüt erkannt habe.

Zweiundzwanzigste Szene

ARGAN. BERALDE. ANGELIQUE. CLÉANTE. TOINETTE

ANGELIQUE: Ach, welche angenehme Überraschung! Mein teurer Vater, weil Ihr mir denn durch das größte Glück vom Himmel wiedergeschenkt seid, erlaubt mir, daß ich Euch fußfällig um etwas bitte. Wenn Ihr der Neigung meines Herzens nicht günstig seid, – wenn Ihr mir Cléanten als Gatten weigert, so beschwöre ich Euch, daß Ihr mich wenigstens nicht zwingt, einen andern zu heiraten. Das ist die einzige Gnade, um die ich Euch anflehe.

CLÉANTE *(wirft sich Argan zu Füßen)*: Ach, mein Herr, laßt Euch von unsern Bitten rühren und widersetzt Euch nicht einer so schönen gegenseitigen Liebe.

BERALDE: Bruder, kannst du da noch widerstehn?

TOINETTE: Herr Argan, könnt Ihr bei soviel Liebe unempfindlich bleiben?

ARGAN: Nun, so mag er Arzt werden, dann will ich die Heirat zugeben. *(Zu Cléante)* Ja; werdet Arzt, und Ihr sollt meine Tochter haben.

CLÉANTE: Von Herzen gern, Herr Argan! Wenn es nur daran liegt, so will ich, um Euer Eidam zu sein, Doktor, ja wenn Ihr wollt, selbst Apotheker werden. Das ist nicht der Rede wert, und ich täte noch ganz andre Dinge, um die schöne Angelique zu erhalten.

BERALDE: Aber Bruder, da fällt mir etwas ein. Werde doch selbst Arzt: das ist ja noch bequemer, und du findest dann alles, was du brauchst, in dir selbst.

TOINETTE: Das ist auch wahr. Das wäre das rechte Mittel, Euch bald zu kurieren: es ist ja keine Krankheit so frech, daß sie sich an einem Arzt vergreifen sollte.

ARGAN: Ich glaube, Bruder, du willst mich zum besten haben. Bin ich denn nicht zu alt, um noch zu studieren?

BERALDE: Ei was, studieren! Du bist gelehrt genug, und es gibt viele unter ihnen, die nicht so viel wissen wie du.

ARGAN: Man muß aber doch fließend lateinisch sprechen können, die Krankheiten kennen und die Mittel dagegen wissen?

BERALDE: Das lernt sich alles mit dem Mantel und dem Doktorbarett; du wirst nachher mehr wissen, als dir lieb sein wird.

ARGAN: Wie? – Man kann gleich über die Krankheiten mitsprechen, wenn man den Doktormantel angezogen hat?

BERALDE: Freilich. Sowie man im Mantel und Barett spricht, wird jeder Galimathias zur Gelehrsamkeit und jeder Unsinn zur Vernunft.

TOINETTE: Wahrhaftig, Herr Argan, und wenn Ihr nichts hättet als Euern Bart, so wäre das schon viel; der Bart macht den halben Arzt.

CLÉANTE: Ich bin jedenfalls zu allem bereit.

BERALDE *(zu Argan)*: Wenn dir's recht wäre, könnten wir die Sache gleich in Ordnung bringen.

ARGAN: Wie denn? Gleich?

BERALDE: Ja, und hier in deinem Hause.

ARGAN: In meinem Hause?

BERALDE: Ja. Ich kenne eine mir befreundete Fakultät; sie wird sich gleich hier einstellen, und dann kann die Zeremonie in deinem Saal stattfinden. Kosten soll dich's nichts.

ARGAN: Aber ich? Was soll ich denn sagen? Was werde ich antworten?

BERALDE: Das werden sie dir in zwei Worten beibringen und dir schriftlich geben, was du zu sprechen hast. Geh nur und zieh dir einen schicklichen Rock an: ich will sie gleich holen lassen.

ARGAN: Das muß man sich doch mit ansehn.

Dreiundzwanzigste Szene

BERALDE. ANGELIQUE. CLÉANTE. TOINETTE

CLÉANTE: Was meint Ihr eigentlich? Und was versteht Ihr unter Eurer Fakultät von guten Freunden?
TOINETTE: Was habt Ihr vor?
BERALDE: Uns einen lustigen Abend zu machen. Die Schauspieler haben ein kleines Zwischenspiel von der Promotion eines Doctoris medicinae mit Tanz und Musik gemacht: das soll uns zusammen die Zeit vertreiben und mein Bruder die Hauptrolle dabei spielen.
ANGELIQUE: Aber, Herr Oheim, mir scheint, Ihr habt meinen Vater ein wenig zu sehr zum besten! –
BERALDE: Nein, liebe Nichte, wir haben ihn weniger zum besten, als daß wir auf seine Grillen eingehn. Das alles bleibt ja unter uns. Wir können auch jeder eine Rolle übernehmen und uns einer dem andern etwas vorspielen. Im Karneval ist alles erlaubt. Kommt und helft mir, schnell den Saal herzurichten.
CLÉANTE *(zu Angelique)*: Willigt Ihr ein? –
ANGELIQUE: Ja, weil mein Onkel die Sache leitet.

Zwischenspiel

Musik. Einige Tapezierer kommen, schmücken den Saal aus und stellen Bänke auf. Alles nach dem Takt. Darauf erscheint die ganze medizinische Gesellschaft, bestehend aus acht Klistierspritzenträgern, sechs Apothekern, zweiundzwanzig Doktoren und dem in die Fakultät aufzunehmenden Kandidaten: ferner treten auf acht tanzende und zwei singende Chirurgen, und alle nehmen zu beiden Seiten des Theaters Platz, jeder nach seinem Rang.

Erste Ballett-entrée

DER PRÄSIDENT: Sapientissimi Doctores,
Medicinae Professores,
Qui hie versammlati estis;
Et vos altri messiores,
Sententiarum facultatis
Fideles executores,
Chirurgiani et Apothecarii,
Atque tota Compania allhie:
Salus, honor, et argentum,
Atque bonum appetitum.
Non possum, confratres cari,
In mir satis admirari
Qualis bona inventio
Est Medici professio.

Quam wie vom Himmel est geschickta
Medicina illa benedicta,
Quae, suo nomine solo,
Wunderbari miraculo
Seit also longo tempore

Facit in Schmausibus vivere
Soviel confratres omni genere.

Per totam terram videmus
Großen Zulaufum ubi sumus,
Et quod cives et soldati
Sunt in nobis vernarrati.
Totus mundus, currens ad nostros remedios,
Nos betrachtet sicut Deos,
Et nostris ordonnantiis
Principes et Reges submissos videtis.

Deswegen gebührt sich's nostrae sapientiae,
Verstando atque prudentiae,
Kraeftibus unitis laborare
Uns allzeit bene conservare
In tali credito, Rufo et honore;
Uns in acht zu nehmen non recipere
In nostro docto corpore
Quam personas capabiles,
Et totas dignas verwaltare
Has Stellas honorabiles.
Derohalben auch nunc convocati estis
Et credo quod findebitis
Dignam materiam medici
In docto homine allhie.
Welchen in Sachis omnibus
Dono ad interrogandum
Et gründlich examinandum
Vestris capacitatibus.

PRIMUS DOCTOR: Si mihi licentiam dat Dominus Praeses,
   Et tanti docti doctores,
   Et assistantes illustres,
   Fragabo den gelehrten

Baccalaureum, den werten,
Fragabo causam et rationem quare
Opium facit dormitare.

BACCALAUREUS: Mihi a docto doctore
Fragatur causa et ratio quare
Opium facit dormire.
Worauf ego respondeo:
Quia est in eo
Virtus dormitiva
Cujus est natura
Sensus soporare.
CHORUS: Bene, bene, bene, respondēre!
Dignus, dignus est intrare
In nostro docto corpore.
Bene, bene, bene respondēre!
SECUNDUS DOCTOR:
Cum permissione domini Praesidis,
Doctissimae facultatis,
Et totius his nostris actis
Companiae assistantis,
Fragabo te, docte Bacalaurée:
Quae sunt remedia
Quae in maladia
Genannt hydropisia
Convenit facere?
BACCALAUREUS: Clysterium setzare,
Nachher aderlassare,
Postea purgare.
CHORUS: Bene, bene, bene, bene respondēre!
Dignus, dignus est intrare
In nostro docto corpore.
TERTIUS DOCTOR:
Si bonum dünkat domino Praesidi,
Doctissimae facultati,

Et companiae praesenti,
Fragabo te, docte Bacalaurée:
Quae remedia eticis
Pulmonicis atque astmaticis
Findas ratsam facere? –
BACCALAUREUS: Clysterium setzare,
Nachher aderlassare,
Postea purgare.
CHORUS: Bene, bene, bene, bene respondēre!
Dignus, dignus est intrare
In nostro docto corpore.
QUARTUS DOCTOR: Super illas maladias
Doctus Baccalaureus dixit res bellissimas.
Aber, si non langweilo Dominum Praesidem,
Doctissimam facultatem,
Et totam honorabilem
Companiam auscultantem,
Faciam illi unam quaestionem.
Seit gestern maladus unus
Fallavit in meos manus;
Habet starkum Fiebrum cum Anfällis,
Starkum malum im Rückgrate
Et athmat cum difficultate.
Wollas mihi dicere,
Docte Baccalaurée,
Quid illi facere? –
BACCALAUREUS: Clysterium setzare,
Nachher aderlassare,
Postea purgare.
QUINTUS DOCTOR: Aber, si maladia
Opiniatra
Non vult recedere,
Quid illi facere?
BACCALAUREUS: Clysteriurn setzare,
Nachher aderlassare,

Re-ader lassare, repurgare, et reclysterisare.
CHORUS: Bene, bene, bene, bene respondēre!
 Dignus, dignus est intrare
 In nostro docto corpore.
PRAESES: Juras observare statuta
 Per facultatem praescripta
 Cum sensu et Verstando?
BACCALAUREUS: Juro.
PRAESES: Essere in omnibus
 Consultationibus
 Veterum Ansichtae
 Aut bonae
 Aut verkehrtae?
BACCALAUREUS: Juro.
PRAESES: Nunquam uti remedio,
 Es sei nun so oder so,
 Quum ex mandato doctae facultatis,
 Sollte Maladus auch crepieren
 Et mori de suo malo?
BACCALAUREUS: Juro.
PRAESES: Ego cum isto bareto
 Venerabili et docto
 Dono tibi et concedo
 Virtutem et Potentiam
 Medicandi,
 Purgandi,
 Aderlassandi,
 Stechendi,
 Schneidendi,
 Bohrendi
 Et occidendi
 Impune per totam terram.

Zweite Ballett-Entrée

*Alle Chirurgen und Apotheker verneigen sich im Takt
vor dem neuen Doktor*

BACCALAUREUS: Grossi Doctores doctrinae
Rhabarberi et Quassiae,
Es ware von mir res stultissima,
Inepta et ridicula
Si me volebam erdreistare
Vobis Lobsprüchos cantare;
Si findebam ein Vergnügen,
Lumina Soli zuzufügen,
Oder Coelo Stellas,
Oder Mari Wellas,
Oder pisces dem Oceano,
Oder Rosas dem Frühlingio,
Deshalb rogo ut placeat
Tam docto corpori anstatt
Langer Reden, dass ich sofort
Mich bedankam mit einem Wort.
Vobis, Vobis debeo
Viel mehr als naturae et patri meo.
Natura et Pater meus
Hominem me habent factum;
Vos dagegen, quod est multum plus,
Habetis factum medicum.
Habt cordi meo, so lange es schlägt,
Gratiam fiir immer eingeprägt,
Quae durabit in saecula.
CHORUS: Vivat, vivat, vivat, hundertmal vivat,
Novus Doctor, qui tam bene sprechat!
Mille, mille annis, et essat, et trinkat,
Et aderlassat et tötat!

Dritte Ballett-Entrée

*Alle Chirurgen und Apotheker tanzen unter Musik und Gesang,
klatschen dabei in die Hände und klappern mit den Mörsern*

CHIRURGUS: Mög er schaun, wie durch seine doctas
Et pulcherrimas ordonnancias
Sich füllen die Stubae et Budae
Omnium chirurgorum
Et Apothicarum! –
CHORUS: Vivat, vivat, vivat, hundertmal vivat
Novus Doctor, qui tam bene sprechat!
Mille, mille annis, et essat, et trinkat,
Et aderlassat, et tötat! –
CHIRURGUS: Mögen toti anni
Ihm essere boni
Et favorabiles,
Und möge das Glück ihm geben
Und ihn nichts lassen erleben,
Quam pestas, verolas,
Fiebra, Pleuresias,
Blutsturzos und Dyssenterias.
CHORUS: Vivat, vivat, vivat, hundertmal vivat
Novus Doctor, qui tam bene sprechat!
Mille, mille annis, et essat, et trinkat,
Et aderlassat, et tötat.

Vierte Ballett-Entrée

*Die Ärzte, Chirurgen und Apotheker gehen paarweise in feierlicher
Ordnung nach dem Range, wie sie gekommen sind, wieder hinaus.*

Der Geizige

Komödie in 5 Aufzügen

Personen

HARPAGON
CLÉANTE, sein Sohn
ELISE, seine Tochter
VALÈRE, Elisens Liebhaber
MARIANE, Cléantes Geliebte,
   in die auch Harpagon verliebt ist
ANSELME, Valères und Marianens Vater
FROSINE, eine Gelegenheitsmacherin
SIMON, ein Makler
JACQUES, Harpagons Koch und Kutscher
FRAU CLAUDE, Harpagons Haushälterin
LA FLÈCHE, Cléantes Diener
BRIND'AVOINE } Harpagons Lakaien
LA MERLUCHE
Ein Kommissar und sein Schreiber

Szene:
Paris, in Harpagons Hause

Erster Akt

Erste Szene

VALÈRE. ELISE

VALÈRE: Wie, meine teure Elise, ich sehe Euch nachdenklich und sorgenvoll, nachdem Ihr eben die Güte hattet, mich Eurer Treue zu versichern? Muß ich Euch – ach! – mitten in meiner Freude seufzen sehn? Ist's Euch leid, mich glücklich gemacht zu haben? Und bereut Ihr das Versprechen, zu dem meine Leidenschaft Euch überredet hat?
ELISE: Nein, Valère, ich kann nichts bereuen, was ich für Euch getan habe; ich fühle mich durch eine so sanfte Gewalt dazu hingezogen und kann nicht einmal wünschen, daß dies alles nicht geschehn wäre. Aber wenn ich Euch die Wahrheit gestehn soll, mich beunruhigt, wie das enden wird, und ich fürchte zuweilen, ich liebe Euch mehr, als ich sollte.
VALÈRE: Aber, geliebte Elise, was könnt Ihr von Eurer Güte gegen mich befürchten? –
ELISE: Ach, hunderterlei: den Zorn meines Vaters, die Vorwürfe der Familie, das Urteil der Welt: mehr aber als dies alles, Valère, die Wandelbarkeit Eures Herzens und die schnöde Kälte, mit der Ihr Männer so oft die zu warmen Äußerungen einer unschuldigen Neigung vergeltet.
VALÈRE: Um alles in der Welt, tut mir nicht das Unrecht an, mich nach andern zu beurteilen. Traut mir alles Mögliche zu, teure Elise, nur nicht, daß ich meine Pflicht gegen Euch vergessen könnte. Dazu liebe ich Euch zu sehr, und meine Liebe wird nur mit meinem Leben erlöschen!
ELISE: Ach, Valère, das sagt jeder. Alle Männer gleichen sich in ihren Reden, und nur ihre Taten unterscheiden sie.
VALÈRE: Wenn wir denn nur an unsern Taten erkannt werden, so wartet wenigstens, bis Ihr mein Herz nach meinem Tun beurteilen könnt, und laßt Eure ungerechte Furcht, die nur auf

einer melancholischen Voraussicht beruht, mir nicht Verbrechen andichten, die meiner Seele fern liegen. Erspart mir, ich bitte Euch, die tödlichen Dolchstiche eines kränkenden Verdachts und gönnt mir Zeit, Euch durch tausend und aber tausend Beweise von der Aufrichtigkeit meiner Liebe zu überzeugen.

ELISE: Wie leicht läßt man sich überreden, wenn man liebt! Ja, Valère, ich halte Euch für unfähig, mich zu betrügen; ich glaube, daß Ihr mich wirklich liebt und mir treu bleiben werdet; ich will nicht länger zweifeln und meinen Kummer auf die Furcht vor dem Tadel beschränken, der mich treffen wird.

VALÈRE: Was aber habt Ihr zu fürchten?

ELISE: Nichts, Valère, wenn die ganze Welt Euch mit meinen Augen ansähe; und ich finde in Euerm Wesen die beste Berechtigung für mich, zu handeln, wie ich's tue. Meine Herzenswahl wird gerechtfertigt durch Euer Verdienst und stützt sich vor allem auf eine Dankbarkeit, zu der der Himmel selbst mich gegen Euch verpflichtet hat. Jede Stunde denke ich an die entsetzliche Gefahr, in der wir einander zuerst begegneten; an die bewundernswürdige Großmut, mit der Ihr Euer Leben wagtet, um das meinige den tobenden Wellen zu entreißen; an die zärtliche Sorgfalt, die Ihr mir erwiest, nachdem Ihr mich aus den Fluten gerettet, und an die fortdauernd dargebrachte Huldigung Eurer Liebe, die weder Zeit noch Schwierigkeiten erschüttern konnten und die Euch dazu gebracht hat, Eltern und Heimat zu verlassen und hier zu verweilen. Seid Ihr doch, um mich sehn zu können, so weit gegangen, einen Dienst im Hause meines Vaters anzunehmen! Das alles mußte einen unwiderstehlichen Eindruck auf mich machen und ist in meinen Augen mehr als hinreichend, um das Versprechen zu rechtfertigen, das ich gestern eingegangen bin; aber es genügt vielleicht nicht für die übrige Welt, und ich bin nicht sicher, ob diese meine Gesinnungen billigen wird.

VALÈRE: Von allem, was Ihr eben angeführt habt, ist es nur meine Liebe, durch die ich hoffe, etwas bei Euch zu gelten; und was

Eure sonstigen Zweifel betrifft, so sorgt leider Euer Vater selbst am besten dafür, Euch vor der ganzen Welt zu rechtfertigen; denn sein übertriebener Geiz und die Strenge, mit der er seine Kinder behandelt, könnten noch ganz andre Dinge entschuldigen. Verzeiht mir, geliebte Elise, wenn ich so zu seiner Tochter spreche; Ihr wißt, in dem Punkt kann man ihm bestimmt nichts Gutes nachsagen. Ich gebe aber die Hoffnung nicht auf, meine Eltern wiederzufinden, und wenn mir das gelingt, wird es nicht schwer sein, ihn für uns zu gewinnen. Mit Ungeduld warte ich auf Nachricht von ihnen, und wenn sie nicht bald eintrifft, will ich mich aufmachen und sie mir selber holen.

ELISE: Ach, Valère, ich bitte Euch, verlaßt mich nicht und denkt nur daran, Euch bei meinem Vater in Gunst zu erhalten.

VALÈRE: Ihr seht ja, wie mir's bisher gelungen ist und durch welche geschickte Nachgiebigkeit ich es durchgesetzt habe, in seinen Dienst zu kommen; wie ich unter der Maske gleicher Neigungen und Gesinnungen es dahin gebracht habe, ihm zu gefallen, und welche Rolle ich täglich spiele, um mir seine Gewogenheit zu sichern. Ich habe auch schon die überraschendsten Fortschritte in seiner Gunst gemacht und kann mich davon überzeugen, daß es kein besseres Mittel gibt, sich bei den Menschen beliebt zu machen, als mit ihren eignen Ansichten vor ihnen schön zu tun, ihre Grundsätze zu verteidigen, ihren Fehlern zu huldigen und alles zu bewundern, was sie tun. Man braucht nicht zu fürchten, diese Geschmeidigkeit könnte ihnen übertrieben erscheinen; die Art, wie man sie zum besten hat, mag noch so augenscheinlich sein, – selbst die Klügsten sind einem Schmeichler gegenüber die Allerverblendetsten, und es gibt nichts so Widersinniges und Lächerliches, das sie nicht schlucken, wenn man es mit Lob zu würzen versteht. Freilich kommt die Ehrlichkeit ein wenig zu kurz bei dem Handwerk, das ich jetzt treibe; aber wenn man die Leute braucht, muß man sich schon nach ihnen richten; und da man sie nur auf diese Weise gewinnen kann, sind nicht die

Schmeichler die Schuldigen, sondern sie selbst, die geschmeichelt sein wollen.

ELISE: Warum bemüht Ihr Euch aber nicht auch um den Beistand meines Bruders für den Fall, daß Frau Claude unser Geheimnis verraten sollte?

VALÈRE: Das läßt sich nicht vereinigen; Vater und Sohn sind in ihrer Gesinnung so gründlich verschieden, daß es mir unmöglich scheint, sich mit beiden gut zu stehn. Ihr aber, teure Elise, tut das Eurige bei Eurem Bruder und benutzt seine Freundschaft für Euch, um ihn in unser Interesse zu ziehn. Er kommt, und ich entferne mich. Der Augenblick ist günstig; sprecht mit ihm und entdeckt ihm von unserm Verhältnis, so viel Euch ratsam scheint.

ELISE: Ich weiß noch nicht, ob ich den Mut haben werde, mich ihm anzuvertrauen.

Zweite Szene

CLÉANTE. ELISE

CLÉANTE: Es ist mir lieb, dich allein zu treffen, Schwester, denn ich konnte es nicht erwarten, mit dir zu sprechen, um dir ein Geheimnis mitzuteilen.

ELISE: Ich bin ganz Ohr, lieber Bruder. Was hast du mir zu sagen? –

CLÉANTE: Sehr viel, Schwester. Und doch umschließt das alles ein einziges Wort: ich liebe.

ELISE: Du liebst? –

CLÉANTE: Ja, ich liebe. Ehe ich aber fortfahre, – ich weiß, daß ich einen Vater habe, von dem ich abhänge, und daß der Name Sohn mich seinem Willen unterwirft; daß wir unser Herz nicht ohne die Einwilligung unsrer Eltern verschenken dürfen; daß der Himmel sie als Gebieter über unsre Wünsche eingesetzt hat und daß es unsre Pflicht ist, uns ihrer Führung zu überlassen; daß sie, von keiner törichten Leidenschaft beherrscht, in der Lage sind, sich weit weniger als wir selbst zu täuschen und viel besser zu beurteilen, was uns frommt; daß wir uns sicherer auf ihre Einsicht und ihr Urteil verlassen können als auf unsre blinde Leidenschaft und daß die stürmische Heftigkeit der Jugend uns nur zu oft in die gefährlichsten Abgründe stürzt. Das alles sage ich dir, meine gute Schwester, damit ich dir die Mühe erspare, es mir zu sagen – denn meine Liebe will nichts hören, und ich bitte dich, mich mit allen Gegenvorstellungen zu verschonen.

ELISE: Hast du dich schon mit deiner Geliebten verlobt, Bruder?

CLÉANTE: Nein, aber ich bin dazu entschlossen, und ich beschwöre dich noch einmal, komme mir nicht mit Gründen, um mir's auszureden.

ELISE: Hältst du mich denn für so wunderlich?

CLÉANTE: Nein, Schwester; aber du liebst nicht; du weißt nichts von der süßen Gewalt, die eine zärtliche Neigung über unser Herz hat, und ich fürchte dein besonnenes Urteil.

ELISE: Ach, Bruder, sprechen wir nicht von meiner Besonnenheit; es gibt niemand, den sie nicht einmal im Stich ließe, und wenn ich dir mein Herz eröffnen wollte, würde ich dir vielleicht sehr viel unbesonnener vorkommen als du dir selbst.

CLÉANTE: Oh, wollte doch Gott, deine Seele, wie die meinige, wäre ...

ELISE: Sprechen wir nur zuerst von deinen Angelegenheiten, und sage mir, wen du liebst?

CLÉANTE: Ein junges Mädchen, das erst seit kurzem in dieser Gegend wohnt und ganz dazu geschaffen scheint, jedem, der sie erblickt, Liebe einzuflößen. Nie hat die Natur etwas Reizenderes hervorgebracht, und ich war vom ersten Augenblick an bezaubert von ihrer Schönheit. Sie heißt Mariane und lebt unter der Obhut einer guten ehrlichen Mutter, die fast immer krank ist und für welche das liebe Mädchen die rührendste Sorgfalt an den Tag legt. Sie pflegt sie, tröstet sie und bemitleidet sie in einer Weise, die dein ganzes Herz gewinnen würde. Alles, was sie tut, ist anmutig, jeder Bewegung leiht sie einen neuen Reiz und zeigt eine so liebenswürdige Sanftmut, eine so unwiderstehliche Güte, eine so entzückende Sittsamkeit, ein ... Ach, Schwester, ich wünschte nur, du könntest sie sehn!

ELISE: Ich sehe schon genug, Bruder, aus allem, was du mir von ihr sagst; und um ihren Wert zu erkennen, brauche ich nur zu wissen, daß du sie liebst.

CLÉANTE: Ich habe unter der Hand erfahren, daß sie nicht wohlhabend sind und daß sie trotz ihrer Zurückgezogenheit Mühe haben, ihre wenigen Ausgaben zu bestreiten. Denke nur, Schwester, welche Freude es sein müßte, die Lage eines geliebten Wesens zu verbessern, auf feine Weise dem bescheidnen Bedarf einer tugendhaften Familie zu Hilfe zu kommen, und du wirst einsehn, wie schmerzlich es für mich sein muß, mich durch den Geiz unsres Vaters außerstande zu sehn, mir dies Glück zu verschaffen und meiner Geliebten irgendeinen Beweis meiner Zärtlichkeit zu geben.

ELISE: Ja, ich begreife ganz, Bruder, welchen Kummer du dabei empfinden mußt.

CLÉANTE: Ach, Schwester, er ist größer, als du ihn dir vorstellen kannst. Sag selbst, kann man sich etwas Grausameres denken als die harte Sparsamkeit, die man gegen uns ausübt, und die unerhörte Dürftigkeit, in der wir schmachten müssen? – Wozu hilft uns unser Vermögen, wenn es uns erst in einer Zeit zufällt, wo wir nicht mehr in den schönen Jahren sind, es genießen zu können? Wenn ich jetzt, um nur zu existieren, nach allen Seiten Schulden machen muß und so wie du gezwungen bin, täglich die Gefälligkeit der Kaufleute in Anspruch zu nehmen, um mir nur einigermaßen anständige Kleidung zu verschaffen? – Ich habe dich bitten wollen, liebste Schwester, mir unsern Vater über meine Neigung ausforschen zu helfen; und wenn ich sehe, daß er taub für meine Wünsche bleibt, bin ich entschlossen, mir eine andre Heimat zu suchen und mit dem geliebten Mädchen mein Schicksal dem Himmel anheimzustellen. Ich bemühe mich deshalb, wo ich kann, Geld aufzunehmen, und wenn deine Lage, liebste Schwester, der meinigen gleichen sollte und unser Vater sich dir ebenso widersetzt wie mir, so laß uns ihm beide entfliehen und uns von der Tyrannei frei machen, in der sein unerträglicher Geiz uns schon so lange gefesselt hält.

ELISE: Es ist wahr, daß er uns täglich mehr und mehr Ursache gibt, den Tod unsrer Mutter aufs neue zu beweinen.

CLÉANTE: Ich höre seine Stimme: laß uns in dein Zimmer gehn, um unsre Geständnisse weiter auszutauschen, und dann mit vereinten Kräften einen Angriff auf seinen harten Sinn versuchen.

Dritte Szene

HARPAGON. LA FLÈCHE

HARPAGON: Hinaus, sage ich! Mir aus den Augen, du Erztagedieb! den Augenblick aus meinem Hause, du Galgenstrick!

LA FLÈCHE *(beiseite)*: Habe ich je einen so boshaften alten Kerl gesehn! Verflucht, der hat wohl den Teufel im Leibe!

HARPAGON: Du murrst noch?

LA FLÈCHE: Warum jagt Ihr mich denn fort?

HARPAGON: Als ob dir's zukäme, du Schlingel, mich noch nach Gründen zu fragen! Drum marsch fort, sonst werfe ich dich hinaus.

LA FLÈCHE: Was habe ich Euch nur getan?

HARPAGON: Grade genug, damit ich dich los sein will.

LA FLÈCHE: Mein junger Herr hat mir befohlen, ihn hier zu erwarten.

HARPAGON: So geh und erwarte deinen jungen Herrn auf der Straße, und steh mir nicht so kerzengrade wie eine Schildwache da, um alles auszukundschaften, was vorgeht, und dir an allem deinen Profit zu machen. Ich will nicht ewig einen Aufpasser zur Seite haben, einen Spürhund, dessen verdammte Augen alles bewachen, was ich tue, alles verschlingen, was ich besitze, und in alle Ecken umherspähen, um zu sehn, ob's nichts zu mausen gibt.

LA FLÈCHE: Wie zum Teufel sollte man's denn wohl anfangen, um Euch zu bestehlen? Seid Ihr ein bestehlbarer Mensch, Ihr, der alles einschließt und Tag und Nacht Wache steht?

HARPAGON: Ich will verschließen, was mir beliebt, und Schildwache stehn, wie mir's gefällt. Du bist mir auch so ein Spion, der auf alles acht gibt. *(Leise für sich)* Wenn er nur nichts von meinem Gelde gemerkt hat! *(Laut)* Du wärst wahrhaftig imstande und sprengtest aus, ich hätte Geld bei mir versteckt?

LA FLÈCHE: Ihr habt Geld bei Euch versteckt?

HARPAGON: Nein, du Spitzbube, das sage ich nicht. *(Leise)* Er bringt mich noch außer mir! *(Laut)* Ich frage, ob du nicht boshaft genug wärst, mir's nachzusagen?

LA FLÈCHE: Uns kann's am Ende ganz einerlei sein, ob Ihr welches habt oder ob Ihr keins habt; wir bekommen doch nichts davon zu sehn!

HARPAGON *(hebt die Hand, um ihm eine Ohrfeige zu geben)*: Du räsonierst noch? Ich will dir meine Antwort hinter's Ohr schreiben. Und nun noch einmal, mach, daß du fortkommst!

LA FLÈCHE: Nun gut, ich gehe.

HARPAGON: Warte noch! Hast du nichts mitgenommen?

LA FLÈCHE: Was könnte ich denn nur mitnehmen?

HARPAGON: Gleich komm her, laß mich einmal nachsehn. Zeig mir deine Hände.

LA FLÈCHE: Da sind sie.

HARPAGON: Die andern!

LA FLÈCHE: Die andern?

HARPAGON: Ja.

LA FLÈCHE: Da sind sie.

HARPAGON *(zeigt auf die Taschen seiner weiten Beinkleider)*: Hast du nichts dahineingesteckt?

LA FLÈCHE: Seht selbst nach!

HARPAGON: Die großen Pluderhosen sind wahre Diebshöhlen, und ich wollte nur, man hängte einmal eine an den Galgen.

LA FLÈCHE *(beiseite)*: Na! wenn der nicht verdient, daß ihm geschehe, was er fürchtet, so weiß ich's nicht. Welch eine Lust müßte es sein, den zu bestehlen!

HARPAGON: He?

LA FLÈCHE: Was?

HARPAGON: Was sprichst du da von stehlen?

LA FLÈCHE: Ich sage, visitiert nur recht genau, um zu sehn, ob ich Euch bestohlen habe.

HARPAGON: Das will ich auch.

(Er greift in seine Taschen)

LA FLÈCHE *(beiseite)*: Wenn doch der Teufel den Geiz holte, und die Geizhälse dazu!

HARPAGON: Was? Was sagst du?

LA FLÈCHE: Was ich sage?

HARPAGON: Ja; was sagst du vom Geiz und von den Geizigen?

LA FLÈCHE: Ich sage: wenn doch der Teufel den Geiz und alle Geizhälse holte!

HARPAGON: Wen meinst du damit?

LA FLÈCHE: Die Geizhälse.

HARPAGON: Und wer sind denn die Geizhälse?

LA FLÈCHE: Die schmutzigen Knicker und schäbigen Filze.

HARPAGON: Aber auf wen geht das alles?

LA FLÈCHE: Was kümmert das Euch?

HARPAGON: Ich kümmere mich um was mir gut dünkt.

LA FLÈCHE: Glaubt Ihr etwa, ich rede von Euch?

HARPAGON: Ich glaube, was ich glaube, aber du sollst mir sagen, zu wem Du das alles sprichst?

LA FLÈCHE: Ich spreche … ich spreche mit meiner Mütze.

HARPAGON: Nimm dich in acht! Oder ich werde mit deinen Ohren sprechen.

LA FLÈCHE: Wollt Ihr mir wehren, die Geizhälse zu verwünschen?

HARPAGON: Nein; aber ich werde dir's wehren, unverschämtes Zeug zu schwatzen! Schweig!

LA FLÈCHE: Ich nenne ja niemand!

HARPAGON: Ich haue dich, wenn du noch ein Wort sprichst.
LA FLÈCHE: Wen es juckt, der kratze sich.
HARPAGON: Wirst du schweigen?
LA FLÈCHE: Ja, aber ungern!
HARPAGON: Endlich!
LA FLÈCHE *(zeigt auf noch eine Tasche in seinem Wams)*:
 Seht, hier ist noch eine Tasche. Seid Ihr nun zufrieden?
HARPAGON: Komm, gib mir's heraus, ohne daß ich visitiere.
LA FLÈCHE: Was?
HARPAGON: Was du mir gestohlen hast.
LA FLÈCHE: Ich habe Euch ganz und gar nichts gestohlen!
HARPAGON: Gewiß nicht?
LA FLÈCHE: Wahrhaftig nicht.
HARPAGON: So geh zum Teufel!
LA FLÈCHE *(beiseite)*: Schöne Empfehlung!
HARPAGON: Ich lege dir's auf dein Gewissen!

Vierte Szene

HARPAGON

HARPAGON: Der Schlingel ist mir immer im Wege, und ich kann den nichtsnutzigen, hinkenden Taugenichts nicht mehr ersehn. Es ist wahrhaftig keine kleine Sache, eine so große Summe in seinem Hause zu hüten, und der ist ein glücklicher Mann, der sein ganzes Vermögen sicher untergebracht und nur so viel behalten hat, als er zu seinen täglichen Ausgaben braucht! – Man hat wahrhaftig rechte Not, im ganzen Hause einen sichern Winkel zu finden. Denn, im Vertrauen gesagt, von den eisernen Geldkisten will ich nichts wissen und traue ihnen nicht; denn die sind der wahre Köder für die Spitzbuben; an die machen sie sich immer zuerst.

Fünfte Szene

HARPAGON. ELISE UND CLÉANTE *(im Gespräch miteinander im Hintergrund der Bühne)*

HARPAGON *(für sich)*: Und doch weiß ich nicht, ob es klug war, daß ich die dreißigtausend Livres, die man mir gestern brachte, im Garten vergraben habe. Dreißigtausend Livres in blankem Golde sind wahrhaftig ein hübsches Kapital ... *(Er bemerkt Elise und Cléante; beiseite)*: O Himmel! – da werde ich mich selbst verraten haben! – Der Eifer hat mich hingerissen, und ich glaube, ich habe laut vor ihnen gesprochen! – *(Zu Elise und Cléante)* Was gibt's?

CLÉANTE: Nichts, Vater!

HARPAGON: Seid Ihr schon lange da?

ELISE: Wir kommen erst eben.

HARPAGON: Ihr habt gewiß gehört ...

CLÉANTE: Was denn, Vater?

HARPAGON: Jetzt eben!

ELISE: Was?

HARPAGON: Was ich zu mir selbst sprach.

CLÉANTE: Nein!

HARPAGON: Doch! doch!

ELISE: Gewiß nicht, Vater.

HARPAGON: Ich sehe es Euch an, Ihr müßt etwas gehört haben. Ich überlegte mir, wie schwer es heutzutage ist, Geld aufzutreiben, und sagte, das wäre ein glücklicher Mann, der dreißigtausend Livres im Hause liegen hätte.

CLÉANTE: Wir fürchteten, Euch zu stören, und wollten Euch nicht zuerst anreden.

HARPAGON: Ich wiederhole Euch das mit Absicht, damit Ihr die Sache nicht falsch versteht und Euch etwa einbildet, ich hätte selbst die dreißigtausend Livres.

CLÉANTE: Wir kümmern uns nicht um Eure Angelegenheiten.

HARPAGON: Wollte Gott, ich hätte sie, die dreißigtausend Livres!

CLÉANTE: Ich glaube nicht …
HARPAGON: Die wären mir recht gelegen!
ELISE: Das sind Dinge …
HARPAGON: Ich könnte sie recht gut brauchen!
CLÉANTE: Ich denke …
HARPAGON: Da wäre ich aus aller Verlegenheit!
ELISE: Ihr seid …
HARPAGON: Und hätte nicht nötig, über die schlechten Zeiten zu klagen!
CLÉANTE: Mein Gott, Vater, Ihr habt auch keine Ursache zu klagen; man weiß ja, daß Ihr vermögend genug seid.
HARPAGON: Was, ich wäre vermögend genug? Daran ist kein wahres Wort, und wer so etwas unter die Leute bringt, ist ein Schelm.
ELISE: Ereifert Euch doch darüber nicht!
HARPAGON: Es ist unerhört! Meine eigenen Kinder verraten mich und werden meine Feinde!
CLÉANTE: Muß man denn Euer Feind sein, wenn man Euch wohlhabend nennt?
HARPAGON: Ja freilich! Solche Rede und deine unsinnigen Ausgaben werden noch zur Folge haben, daß man allernächstens bei mir einbrechen und mir den Hals abschneiden wird, weil man denkt, ich schwimme in Gold.
CLÉANTE: Was für große Ausgaben mache ich denn?
HARPAGON: Was für Ausgaben? Ist es denn nicht eine wahre Schande, sich in einem so kostbaren Anzuge in der Stadt herumzutreiben? Ich zankte gestern mit deiner Schwester; aber du bist noch zehnmal schlimmer. Das schreit ja zum Himmel; und wie du da gehst und stehst, ließe sich ein ganz hübscher Rentenvertrag aus dem unnützen Plunder formulieren. Ich habe dir's zwanzigmal gesagt, Herr Sohn, alle deine Manieren mißfallen mir im höchsten Grade. Es ist ja ganz erschrecklich, wie du den Marquis spielst! – Um dir solche Kleider anschaffen zu können, mußt du mich bestehlen.
CLÉANTE: Wie? Ich Euch bestehlen?

HARPAGON: Was weiß ich! Woher nimmst du sonst das Geld für all den Flitterstaat?
CLÉANTE: Ich, Vater? – Ich spiele; und da ich Glück im Spiel habe, verwende ich den Gewinn auf meinen Anzug.
HARPAGON: Daran tust du sehr unrecht. Wenn du Glück im Spiel hast, solltest du's benutzen und das gewonnene Geld auf gute Interessen anlegen; dann hättest du etwas, wenn du's brauchst. Ich möchte doch wissen, abgesehen von allem andern, wozu die Unmasse von Bändern nützt, mit denen du vom Kopf bis zu den Füßen gespickt bist, und ob ein halb Dutzend Nesteln nicht genug wäre, um deine Pluderhosen an das Wams zu heften. Es ist wahrhaftig wohl nötig, Geld für Perücken auszugeben, wenn man sein eigenes Haar tragen kann, das nichts kostet! Ich will wetten, in deiner Perücke und deinen Bändern stecken allerwenigstens zwanzig Pistolen, und zwanzig Pistolen bringen im Jahr achtzehn Livres acht Sous und acht Deniers, wenn man sie auch nur zum zwölften Pfennig ausleiht.
CLÉANTE: Das ist richtig.
HARPAGON: Aber jetzt von etwas anderm. *(Er bemerkt, daß Cléante und Elise sich Zeichen machen)* He! – *(Beiseite)* Ich glaube, sie machen sich Zeichen, um mir meine Börse zu stehlen. *(Laut)* Was bedeuten alle die Winke?
ELISE: Wir verhandeln eben, mein Bruder und ich, wer zuerst mit Euch sprechen soll, denn wir haben Euch beide etwas zu sagen.
HARPAGON: Und ich habe Euch beiden gleichfalls etwas zu sagen.
CLÉANTE: Wir wünschten, Vater, mit Euch vom Heiraten zu sprechen.
HARPAGON: Und über eine Heirat wollt' ich grade eben auch mit Euch reden.
ELISE: Ach, Vater!
HARPAGON: Was erschrickst du denn so? Ist's das Wort oder die Sache, die dir bange macht?

CLÉANTE: Nach der Art, wie Ihr wahrscheinlich die Sache auffaßt, kann eine Heirat uns beide wohl erschrecken, und wir sind in Sorge, daß unsere Gefühle nicht mit Eurer Wahl übereinstimmen werden.
HARPAGON: Nur ein wenig Geduld, und macht Euch keine Unruhe. Ich weiß, was sich für Euch beide schickt, und Ihr sollt weder der eine, noch die andere die mindeste Ursache haben, Euch über meine Pläne zu beklagen. Um also die Sache an einem Ende anzufangen – *(zu Cléante)* sage mir doch, hast du eine junge Person gesehen, die Mariane heißt und nicht weit von hier wohnt?
CLÉANTE: Ja, Vater.
HARPAGON: Und du?
ELISE: Ich habe von ihr gehört.
HARPAGON: Nun, mein Sohn, wie gefällt dir das Mädchen?
CLÉANTE: Ich finde sie außerordentlich hübsch.
HARPAGON: Ihre Physiognomie?
CLÉANTE: Ganz Güte und Verstand.
HARPAGON: Ihre Haltung und ihr Benehmen?
CLÉANTE: Durchaus liebenswürdig, ohne Frage.
HARPAGON: Scheint dir nicht, ein solches Mädchen verdiene schon, daß man an sie denke?
CLÉANTE: Ja freilich, lieber Vater.
HARPAGON: Daß es eine wünschenswerte Partie sein würde?
CLÉANTE: Im höchsten Grade wünschenswert.
HARPAGON: Daß sie ganz danach aussieht, als würde sie eine gute Hausfrau abgeben?
CLÉANTE: Ohne allen Zweifel.
HARPAGON: Und daß ein Mann schon mit ihr zufrieden sein könnte?
CLÉANTE: Ganz gewiß! –
HARPAGON: Es ist allerdings eine kleine Schwierigkeit dabei: ich fürchte, sie wird nicht so viel Vermögen haben, als man wohl verlangen könnte.
CLÉANTE: Ach, Vater, auf das Vermögen muß man nicht sehen,

wenn sich's darum handelt, ein so vortreffliches Mädchen zu heiraten.

HARPAGON: Erlaube, mein Sohn, erlaube! Indes, wenn sich denn auch nicht so viel Kapital vorfindet, als zu wünschen wäre, so läßt sich das immer auf andere Weise wieder einbringen.

CLÉANTE: Das versteht sich!

HARPAGON: Nun, es ist mir recht lieb zu sehen, daß du einer Meinung mit mir bist, denn ihr sittsames Wesen und ihre Sanftmut haben mich für sie eingenommen, und ich habe beschlossen, sie zur Frau zu nehmen, wenn sie nur irgend etwas Geld hat.

CLÉANTE: Was? –

HARPAGON: Nun? –

CLÉANTE: Ihr seid entschlossen, sagt Ihr ...

HARPAGON: Mariane zu heiraten.

CLÉANTE: Wer? Ihr? – Ihr? –

HARPAGON: Ja doch! Ich! Ich! – Was soll das heißen?

CLÉANTE: Mir ist nicht ganz wohl; ich will an die Luft gehn.

HARPAGON: Das wird weiter nichts sein. Laß dir gleich in der Küche ein Glas kaltes Wasser geben! –

Sechste Szene

HARPAGON. ELISE

HARPAGON: Da haben wir unsere Modeherrchen, unsere zarten, schmächtigen Stutzer, die nicht mehr Saft und Kraft in den Gliedern haben als ein junges Huhn. Das war also, meine Tochter, was ich für mich ausgesucht habe. Was deinen Bruder anlangt, so bestimme ich dem eine Witwe, von der man mir heut morgen gesprochen hat; und du, mein Kind, sollst den Herrn Anselme heiraten.

ELISE: Den Herrn Anselme? –

HARPAGON: Ja; ein gesetzter, vorsichtiger und verständiger Mann, der nicht über fünfzig Jahre alt ist und, wie man mir rühmt, ein schönes Vermögen besitzt.

ELISE *(macht ihm eine Reverenz)*: Mit Eurer Erlaubnis, mein Herr Vater, ich will mich nicht verheiraten.

HARPAGON *(spottet Elisen nach)*: Und ich, Fräulein Naseweis, mein Schatz, ich bestehe darauf, mit deiner Erlaubnis, daß du dich verheiratest.

ELISE *(sich abermals verneigend)*:
Ich bitte um Verzeihung, mein Vater.

HARPAGON *(ihr nachsprechend)*:
Ich bitte um Verzeihung, meine Tochter.

ELISE: Ich bin des Herrn Anselme untertänigste Dienerin; aber *(verneigt sich abermals)*, mit Eurer Erlaubnis, heiraten werde ich ihn nicht.

HARPAGON: Ich bin dein untertänigster Diener, aber *(spricht Elisen nach)* heiraten wirst du ihn noch heut abend.

ELISE: Heut abend, sagt Ihr?

HARPAGON: Heut abend, sag' ich.

ELISE *(macht noch einmal eine Reverenz)*: Das wird nicht geschehen, mein Vater.

HARPAGON: Das wird doch geschehen, meine Tochter.

ELISE: Nein!

HARPAGON: Doch!

ELISE: Nein, sage ich Euch.

HARPAGON: Doch, sage ich dir.

ELISE: Ihr werdet mich nie dazu zwingen.

HARPAGON: Ich werde dich schon dazu zwingen.

ELISE: Lieber, als einen solchen Mann zu heiraten, bringe ich mich um.

HARPAGON: Du wirst dich nicht umbringen und wirst ihn heiraten. Aber sehe mir einer den Trotz! Hat man je eine Tochter so mit ihrem Vater sprechen hören?

ELISE: Hat man aber auch je einen Vater seine Tochter so verheiraten sehen?

HARPAGON: Gegen die Heirat ist nichts einzuwenden, und ich wette, daß alle Welt meine Wahl billigen wird.

ELISE: Und ich wette, kein vernünftiger Mensch wird sie gutheißen.

HARPAGON: Da kommt Valère. Willst du, daß wir ihn zum Schiedsrichter zwischen uns beiden machen?
ELISE: Ich bin's zufrieden.
HARPAGON: Wirst du dich seinem Spruch unterwerfen?
ELISE: Ja; was er sagt, will ich tun.
HARPAGON: Abgemacht! –

Siebente Szene

VALÈRE. HARPAGON. ELISE

HARPAGON: Hierher, Valère! Wir haben ausgemacht, meine Tochter und ich, daß du entscheiden sollst, wer von uns beiden recht hat.
VALÈRE: Ohne Zweifel Ihr, gnädiger Herr.
HARPAGON: Weißt du denn, um was sich's handelt?
VALÈRE: Nein. Aber Ihr könnt ein für allemal nicht unrecht haben; denn Ihr seid die Weisheit selbst.
HARPAGON: Ich will sie heut abend mit einem wackern und reichen Manne verheiraten, und der Grasaffe sagt mir ins Gesicht, daraus könne nichts werden. Was sagst du dazu?
VALÈRE: Was ich dazu sage? –
HARPAGON: Ja.
VALÈRE: Hm! Hm! –
HARPAGON: Nun?
VALÈRE: Ich sage, daß ich im Grunde Eurer Meinung bin, denn Ihr könnt nicht anders als recht haben; aber sie hat ihrerseits auch nicht völlig unrecht.
HARPAGON: Was! Der Herr Anselme ist eine höchst vorteilhafte Partie; er ist nachweislich ein Edelmann, ein stiller, gesetzter, verständiger und sehr reicher Mann, dessen Kinder alle gestorben sind. Kann sie es denn besser verlangen?
VALÈRE: Das ist wahr. Aber sie könnte euch vielleicht einwenden, daß Ihr die Sache etwas übereilt und daß man wenigstens noch einige Zeit warten sollte, um zu sehen, ob ihre Neigung ...

HARPAGON: Ei was! Solch eine Gelegenheit muß man beim Schopf fassen. Es wird mir hier ein Vorteil geboten, den ich anderswo nie wieder finden würde; er verpflichtet sich, sie ohne Mitgift zu nehmen.
VALÈRE: Ohne Mitgift?
HARPAGON: Ja.
VALÈRE: Ah, dann sage ich nichts mehr. Ja, seht, das entscheidet ohne weiteres; da muß man die Segel streichen.
HARPAGON: Das ist für mich eine große Ersparnis.
VALÈRE: Natürlich; dagegen ist nicht zu streiten. Freilich könnte Eure Tochter Euch vorstellen, daß die Heirat für sie eine hochwichtige Sache ist; daß sich's um das Glück oder Unglück ihres ganzen Lebens handelt; und daß eine Verbindung, die nur der Tod trennen kann, mit der größten Vorsicht geschlossen werden muß.
HARPAGON: Ohne Mitgift! –
VALÈRE: Ihr habt recht; damit ist alles gesagt, das versteht sich. Es gibt zwar Leute, die bemerken könnten, daß in solchen Fällen die Zuneigung eines Mädchens berücksichtigt werden sollte und daß eine so große Ungleichheit des Alters, des Naturells und Gefühls eine Ehe den verdrießlichsten Zufällen aussetzen kann ...
HARPAGON: Ohne Mitgift! –
VALÈRE: Freilich, darauf läßt sich nichts erwidern, das sehe ich wohl ein. Wer zum Teufel kann dagegen aufkommen? Es gibt allerdings Väter, denen die Zufriedenheit ihrer Töchter lieber ist als das Geld, das sie ihnen mitgeben müßten; die nicht daran denken, sie ihrem Interesse zu opfern, und die vor allen Dingen danach streben, eine Ehe auf die schöne Harmonie zu gründen, die allein imstande ist, ihr Ehre, Ruhe und Glück zu sichern ...
HARPAGON: Ohne Mitgift! –
VALÈRE: Ja, da liegt's; da muß jeder verstummen. Ohne Mitgift! Wer kann solch einem Grunde widerstehn? –
HARPAGON *(beiseite; sieht nach dem Garten)*: Still, was war

das? Ich glaube, der Hund hat gebellt. Gewiß sind Diebe bei meinem Gelde. *(Zu Valère)* Geh nicht fort, ich bin gleich wieder da.

Achte Szene

ELISE. VALÈRE

ELISE: Seid Ihr von Sinnen, Valère, daß Ihr so zu ihm sprecht?
VALÈRE: Das muß ich, um ihn nicht zu erbittern und um desto eher zu meinem Ziele zu gelangen. Ihm geradezu widersprechen, wäre das Mittel, alles zu verderben; es gibt Charaktere, denen man nur durch Nachgiebigkeit beikommen kann, – Temperamente, die keinen Widerspruch ertragen, – störrische Naturen, die sich gegen die Wahrheit aufbäumen, vom geraden Wege der Vernunft nichts wissen wollen und sich nur durch Wendungen dahin führen lassen, wohin man sie haben will. Stellt Euch nur, als fügtet Ihr Euch in seinen Willen, so werdet Ihr Euren Zweck viel leichter erreichen …
ELISE: Aber diese Heirat, Valère!
VALÈRE: Wir müssen Ausflüchte suchen, sie zu hintertreiben.
ELISE: Was läßt sich denn aber ersinnen, wenn der Kontrakt heut abend unterschrieben werden soll?
VALÈRE: Ihr verlangt einen Aufschub, gebt vor, Ihr seid krank.
ELISE: Wenn aber ein Arzt geholt wird, kommt die Wahrheit an den Tag!
VALÈRE: Glaubt Ihr das im Ernst? Was verstehen denn die Ärzte davon! Geht, geht; derentwegen könnt Ihr an Krankheiten nennen, was Euch einfällt; sie werden gewiß Gründe finden, um Euch zu deduzieren, woher das Übel entstanden sei.

Neunte Szene

HARPAGON. ELISE. VALÈRE

HARPAGON *(beiseite, im Hintergrunde)*: Es war nichts, Gott sei Dank! –

VALÈRE *(ohne Harpagon zu sehen)*: Und dann haben wir ja noch das letzte Mittel, das uns gegen alles schützt, die Flucht. Wenn Eure Liebe, meine teure Elise, Festigkeit genug besitzt, – *(er sieht Harpagon)* ... Ja, eine Tochter muß ihrem Vater gehorchen. Wie der ihr bestimmte Mann aussieht, das muß ihr einerlei sein; und wenn das große Argument »ohne Mitgift« ins Spiel kommt, muß sie sich jeden gefallen lassen, den man ihr vorschlägt.

HARPAGON: Bravo! – Vortrefflich gesprochen!

VALÈRE: Gnädiger Herr, Ihr müßt entschuldigen, daß ich so in Eifer kam und mir's herausnahm, so resolut mit ihr zu sprechen.

HARPAGON: Ei, das macht mir ja die größte Freude, und ich räume dir die unbedingteste Gewalt über sie ein. *(Zu Elisen)* Ja, laufe nur davon; ich erteile ihm alle Gewalt, die mir der Himmel über dich verliehen hat, und verlange, daß du alles tust, was er dir sagen wird.

VALÈRE *(zu Elise)*: Werdet Ihr Euch meinen Vorstellungen jetzt noch widersetzen? –

Zehnte Szene

HARPAGON. VALÈRE

VALÈRE: Gnädiger Herr, ich werde ihr nachgehen und in meinen Ermahnungen weiter fortfahren.

HARPAGON: Das soll mir ganz lieb sein; denn wahrhaftig ...

VALÈRE: Man muß ihr den Zügel ein wenig straff halten ...

HARPAGON: Ja, das muß man. Es wird gut sein ...

VALÈRE: Seid unbesorgt. Ich glaube, ich werde mit ihr fertig werden!

HARPAGON: Nur immer zu! Ich mache nur einen kleinen Gang durch die Stadt und komme gleich wieder zurück.

VALÈRE *(spricht im Abgehen in die Kulisse, durch welche Elise sich entfernt hatte)*: Ja, das Geld ist kostbarer als alles übrige in der Welt, und Ihr müßt dem Himmel dankbar dafür sein, daß er Euch einen so braven Vater gegeben hat. Der weiß, was zum Leben gehört. Wenn sich jemand erbietet, ein Mädchen ohne Mitgift nehmen zu wollen, da darf man weder rechts noch links sehen; in dem Wort liegt alles. Ohne Mitgift; das ersetzt Schönheit, Jugend, Geburt, Ehre, Verstand und Rechtschaffenheit.

HARPAGON: Der brave Junge! Spricht er nicht wahrhaftig wie ein Orakel! – Glücklich, wer einen solchen Diener gefunden hat!

Zweiter Akt

Erste Szene

CLÉANTE. LA FLÈCHE

CLÉANTE: Sage mir, du Erztaugenichts, wo hast du denn gesteckt? Hatte ich dir nicht befohlen ...

LA FLÈCHE: Ja, gnädiger Herr; ich hatte mich auch hier eingefunden; aber Euer Vater, der ungnädigste aller Menschen, hat mich sehr wider meinen Willen aus dem Hause gejagt und mich beinahe geprügelt.

CLÉANTE: Wie steht's mit unserm Geschäft? Es ist die höchste Zeit, denn ich habe inzwischen die Entdeckung gemacht, daß mein Vater mein Nebenbuhler ist,

LA FLÈCHE: Euer Vater ist verliebt?

CLÉANTE: Ja, und ich habe alle mögliche Mühe gehabt, ihm meine Bestürzung zu verbergen.

LA FLÈCHE: Der will sich noch mit Liebeshändeln abgeben? Was Teufel fällt ihm denn ein! – Ist er nicht gescheit! – Als ob die Liebe für seinesgleichen erfunden wäre!

CLÉANTE: Wie zur Strafe für meine Sünden hat er auf den Einfall kommen müssen!

LA FLÈCHE: Warum habt Ihr ihm aber auch aus Eurer Liebe ein Geheimnis gemacht?

CLÉANTE: Um weniger Verdacht bei ihm zu erregen und um mir für den Notfall noch Mittel und Wege offenzuhalten, wie ich diese Heirat verhindern könne. Was hat man dir geantwortet?

LA FLÈCHE: Meiner Treu, gnädiger Herr, wer borgen will, ist schlimm dran, und man muß sich wunderliche Zumutungen gefallen lassen, wenn man so wie Ihr in die Hände der Pfandwucherer geraten ist.

CLÉANTE: Also wird nichts aus der Sache?

LA FLÈCHE: Bitte um Vergebung. Unser Meister Simon, der Makler, den man uns empfohlen hat, ist ein rühriger, eifriger

Mann; er versichert, er habe Himmel und Hölle in Bewegung gesetzt, und schwört, schon allein Eure Physiognomie habe sein Herz gewonnen.

CLÉANTE: Also schafft er mir die fünfzehntausend Livres?

LA FLÈCHE: Ja; aber unter gewissen kleinen Bedingungen, die Ihr Euch gefallen lassen müßt, wenn Ihr wollt, daß die Sache zustande komme.

CLÉANTE: Hast du mit dem Menschen gesprochen, der das Geld hergeben soll?

LA FLÈCHE: Ach, gnädiger Herr, so leicht geht das nicht. Der ist noch viel mehr darauf erpicht, seinen Namen geheimzuhalten, als Ihr, und es stecken viel größere Mysterien dahinter, als Ihr Euch vorstellen könnt. Wie er heißt, sollt Ihr schlechterdings nicht erfahren; er will heut mit Euch in einem eigens dazu gemieteten Zimmer zusammenkommen, um von Euch das Nähere über Euer Vermögen und Eure Familie zu erfragen. Ich zweifle aber nicht, daß die Sache sich machen wird, wenn Ihr ihm Euren Vater nennt.

CLÉANTE: Und besonders, wenn ich ihm sage, daß meine Mutter gestorben ist, deren Vermögen mir niemand nehmen kann.

LA FLÈCHE: Hier sind einige Artikel, die er unserm Makler selbst diktiert hat und die Euch mitgeteilt werden sollen, ehe er sich auf etwas einläßt.

»Vorausgesetzt, daß der Darleiher sich von der gehörigen Sicherheit überzeuge und der Borger mündig und aus einer Familie sei, deren Vermögen ansehnlich, solid, gesichert und dabei schulden- und prozeßfrei ist, soll eine rechtsgültige bündige Obligation von einem Notar aufgesetzt werden, der ein möglichst ehrlicher Mann sein muß und den der Darleiher, als welchem am meisten daran liegt, daß besagtes Dokument in gehöriger Form verfaßt sei, selbst aussuchen wird.«

CLÉANTE: Dagegen ist nichts zu sagen.

LA FLÈCHE: Der Darleiher, der sein Gewissen nicht beschweren will, erklärt, sein Geld nur zu fünfzweidrittel Prozent ausleihen zu wollen.

CLÉANTE: Nur zu fünfzweidrittel Prozent? Bei Gott, das ist ja sehr honett; darüber darf man nicht klagen.
LA FLÈCHE: Das ist wahr.

»Aber da besagter Darleiher die verlangte Summe nicht in Kassa hat und, um dem Borger gefällig zu sein, sich genötigt sieht, selbige von einem andern zu entnehmen und mit zwanzig Prozent zu verzinsen, so wird der vorgedachte erste Borger sich dazu verstehen müssen, diesen Zins, ohne Präjudiz des andern, zu bezahlen; maßen besagter Darleiher nur ihm zu Gefallen diese Anleihe kontrahiert.«

CLÉANTE: Was Teufel! Der Kerl ist ja ein Jude, ein wahrer Türke! Das kommt ja auf mehr als fünfundzwanzig Prozent!
LA FLÈCHE: Sehr richtig; das habe ich auch gesagt. Ihr mögt es Euch nun überlegen.
CLÉANTE: Was ist da noch viel zu überlegen? Ich brauche das Geld und muß mich wohl in alles fügen.
LA FLÈCHE: Das war auch meine Antwort.
CLÉANTE: Ist sonst noch etwas?
LA FLÈCHE: Nur noch ein kleiner Artikel.

»Von den verlangten fünfzehntausend Livres kann der Darleiher in barem Gelde nur zwölftausend zahlen, und muß für die fehlenden dreitausend der Borger die nachstehend verzeichneten Mobilien, Schmucksachen, Kostbarkeiten und Geschmeide annehmen, die gedachter Verleiher auf Treu und Glauben zu den erdenklichst mäßigen Preisen notiert hat.«

CLÉANTE: Was soll das heißen?
LA FLÈCHE: Nun hört nur das Verzeichnis!

»Primo, eine Bettstelle mit vier Füßen und olivenfarbigen Gardinen, auf welche Streifen von ungarischen Kirchenspitzen sehr sauber aufgenäht sind, nebst sechs Stühlen, und einer Paradedecke vom nämlichen Stoff: alles wohl konditioniert und mit rot und blau schillerndem Taft gefüttert;

Item, ein Betthimmel von gutem, trocknen rosenblätterfarbnen Serge d'Aumale, nebst Garnierung und Fransen von Seide.«

CLÉANTE: Was denkt er sich, daß ich mit dem Zeug anfangen soll? –

LA FLÈCHE: Wartet nur! –
»Item, ein Gehänge von gewirkten Tapeten, auf welchen die Geschichte vom Gombaud und der schönen Macée vorgestellt ist;
Item, ein großer Tisch aus Nußbaumholz mit zwölf Füßen oder gedrehten Pfeilern, der an beiden Enden ausgezogen werden kann und unten mit sechs Fußbrettern versehen ist.«
CLÉANTE: Was Teufel soll mir denn der Plunder?
LA FLÈCHE: Nur Geduld! –
»Item, drei große Musketen, ganz mit Perlmutter eingelegt, nebst den dazugehörigen Stützgabeln;
Item, ein Ofen von Ziegelsteinen, nebst zwei Retorten und drei Rezipienten; sehr nützlich für solche, die Vergnügen daran finden, zu destillieren.«
CLÉANTE: Ich möchte rasend werden! –
LA FLÈCHE: Nur ganz still! –
»Item, eine Bologneser Laute mit allen Saiten, bis auf wenige fehlende;
Item, ein Trou-Madamespiel und ein Damenbrett nebst einem Gänsespiel, wie es von den Griechen entlehnt ist; sehr gut, um die Zeit zu vertreiben, wenn man sonst nichts zu tun hat;
Item, eine Eidechsenhaut, viereinhalb Fuß lang und mit Heu ausgestopft; sehr angenehme Kuriosität, um sie an der Decke eines Zimmers aufzuhängen.
Alles hier Benannte, unter Brüdern allerwenigstens auf viertausendfünfhundert Livres geschätzt, ist aus besonderer Billigkeit des Verleihers nur zu einem Taxationswert von dreitausend Livres angenommen.«
CLÉANTE: Soll doch die Pest den Schurken, den Blutsauger mitsamt seiner besondern Billigkeit holen! – Hat man wohl je von einem solchen Wucher gehört? und kann er nicht mit den haarsträubenden Zinsen zufrieden sein, die er verlangt, – muß er mich noch zwingen, für dreitausend Livres altes Gerümpel anzunehmen? Nicht fünfhundert Livres bekomme ich dafür, und doch werde ich mich entschließen müssen, in alles zu wil-

ligen, was er verlangt; denn er hat es jetzt in der Hand, mich zu allem zu zwingen; der Bösewicht setzt mir das Messer an die Kehle, und ich muß mich fügen.

LA FLÈCHE: Nehmt mir's nicht übel, gnädiger Herr; aber Ihr seid genau auf derselben großen Heerstraße, auf der Panurge zu seinem Ruin gelangte. Ihr nehmt Geld voraus, kauft teuer, verkauft billig und verzehrt Euren Weizen auf dem Halm.

CLÉANTE: Was soll ich aber machen? – Dahin führt der verdammte Geiz der Väter die jungen Leute; und dann wundert man sich noch, wenn es Söhne gibt, die ihren Tod wünschen!

LA FLÈCHE: Soviel ist gewiß, die Knauserei des Eurigen könnte den ruhigsten Menschen von der Welt wild machen. Der Galgen, Gott sei's gedankt, hat keine sonderliche Attraktion für mich, und ich weiß auch unter meinen Kameraden, die sich mitunter allerlei Schmuggel erlauben, meinen Einsatz immer genau zur rechten Zeit zurückzuziehn und nehme mich wohl in acht vor allen Kunststücken, die nach dem Strick schmecken. Aber das muß ich sagen, Euer Vater mit seinem Geiz könnte mir Lust machen, ihn zu bestehlen, und wenn mir's glückte, würde ich glauben, ich hätte ein gutes Werk getan.

Zweite Szene

HARPAGON. MEISTER SIMON. CLÉANTE UND LA FLÈCHE
(im Hintergrunde der Bühne)

MEISTER SIMON: Ja, mein Herr, es ist ein junger Mensch, der Geld braucht; er steht bis an den Hals im Wasser und wird sich alles gefallen lassen, was Ihr ihm vorschreibt.

HARPAGON: Seid Ihr aber auch sicher, Meister Simon, daß nichts zu wagen ist? – Und kennt Ihr den Namen, das Vermögen und die Familie des jungen Menschen?

MEISTER SIMON: Nein. Gründlichen Bescheid kann ich Euch über das alles noch nicht geben, denn ich bin nur ganz zufällig an ihn gekommen; aber er selbst wird Euch jede Auskunft erteilen, und sein Diener versichert mir, Ihr werdet vollkommen zufrieden sein, wenn Ihr seine Bekanntschaft gemacht habt. Alles, was ich Euch sagen kann, ist, daß seine Familie sehr reich ist und daß er keine Mutter mehr hat. Auch kann er dafür einstehn, wenn Ihr's verlangt, daß sein Vater höchstens noch acht Monate zu leben habe.

HARPAGON: Das läßt sich hören. Die christliche Liebe, Meister Simon, befiehlt uns, unsern Nebenmenschen gefällig zu sein, wo wir können.

MEISTER SIMON: Versteht sich.

LA FLÈCHE *(leise zu Cléante)*: Aber was soll das heißen? Unser Meister Simon, der mit Eurem Vater spricht?

CLÉANTE *(leise zu La Flèche)*: Sollte er vielleicht gar erfahren haben, daß ich's bin? – Du hast mich doch nicht verraten?

MEISTER SIMON *(zu La Flèche)*: Ei, ei, Ihr seid ja sehr pressiert! Wer hat Euch denn schon gesagt, wo Ihr uns finden würdet? – *(Zu Harpagon)* Glaubt wenigstens nicht, gnädiger Herr, daß ich ihm Euer Haus und Euren Namen verraten habe; aber, wie mir scheint, hat es nicht viel zu bedeuten; es sind verschwiegne Leute, und Ihr könnt Euch recht gut hier mit Ihnen besprechen.

HARPAGON: Was? –

MEISTER SIMON *(zeigt auf Cléante)*: Das ist der junge Herr, der die fünfzehntausend Livres von Euch borgen will; derselbe, von dem ich Euch gesagt habe.

HARPAGON: Was, du Galgenstrick! also du bist's, der sich auf solche schändliche letzte Mittel einläßt?

CLÉANTE: Also Ihr seid's, mein Vater, der sich mit solchen ehrlosen Geschäften abgibt? –

(Meister Simon läuft davon, La Flèche versteckt sich)

Dritte Szene

HARPAGON. CLÉANTE

HARPAGON: Du bist's, der sich durch so lästerliches Borgen ruinieren will?

CLÉANTE: Ihr seid's, der sich durch so verbrecherischen Wucher bereichert?

HARPAGON: Wagst du noch nach all dem mir unter die Augen zu treten?

CLÉANTE: Wagt Ihr noch nach all dem Euch der Welt zu zeigen?

HARPAGON: Schämst du dich nicht, sage mir, deine heillose Wirtschaft so weit getrieben zu haben? Dich in so schreckliche Ausgaben zu stürzen und das Vermögen, das deine Eltern mit Schweiß und Mühe zusammenbrachten, so schändlich zu vergeuden?

CLÉANTE: Und Ihr, errötet Ihr nicht, Euren Stand durch solch schmutzige Prellereien zu entehren; Euren Ruf und guten Namen der unersättlichen Begierde, Taler auf Taler zusammenzuscharren, zum Opfer zu bringen und die nichtswürdigsten Kniffe, die je von den berüchtigsten Wucherern ersonnen sind, noch zu überbieten?

HARPAGON: Fort, aus meinen Augen, du Schurke! Fort, aus meinen Augen! –

CLÉANTE: Wer handelt unwürdiger, sagt selbst, derjenige, der Geld kauft, weil er es nötig hat, oder der, der Geld stiehlt, das er nicht brauchen kann?

HARPAGON: Geh, sage ich dir, und mache mir den Kopf nicht warm. *(Allein)* Im Grunde ist mir die Geschichte gar nicht leid; sie soll mir eine Warnung sein, mehr als je auf alle seine Schritte achtzuhaben.

Vierte Szene

FROSINE. HARPAGON

FROSINE: Gnädiger Herr ...
HARPAGON: Wartet einen Augenblick; ich komme gleich hierher zurück. *(Beiseite)* Ich muß nur schnell einmal nach meinem Golde sehn.

Fünfte Szene

LA FLÈCHE. FROSINE

LA FLÈCHE *(ohne Frosine zu sehn)*: Das war ja ein lustiges Abenteuer! Er muß wohl irgendwo einen großen Trödelkram haben, denn auf unserer Liste kam nichts vor, das wir wiedererkannt hätten.
FROSINE: Ei, bist du's, mein kleiner La Flèche? Wie kommst du hierher?
LA FLÈCHE: Ach Frosinchen, du hier? Was hast du hier zu suchen?
FROSINE: Was ich allenthalben suche und finde; Gelegenheit, den Leuten Dienste zu erweisen und, soviel ich kann, von meinen geringen Talenten Nutzen zu ziehn. Du weißt, unsereins muß in dieser Welt von seinem Verstande leben und hat keine andern Renten geerbt als ein wenig List und Anstelligkeit.
LA FLÈCHE: Hast du mit unserm Hausherrn etwas im Werk?
FROSINE: Ja. Ich besorge ein kleines Geschäft für ihn und spitze mich auf eine gute Belohnung.
LA FLÈCHE: Auf eine Belohnung? von ihm? Nun, mein Seel, wenn du dem etwas ablockst, mußt du früh aufstehn, und ich kann dir versichern, das Geld ist hier im Hause sehr rar.
FROSINE: Es gibt gewisse Dienste, die den Leuten ganz besonders angenehm sind.
LA FLÈCHE: Dein gehorsamster Knecht! Du kennst unsern Herrn Harpagon noch nicht. Herr Harpagon ist unter allen Men-

schen der mindest menschliche Mensch, unter allen Sterblichen der härteste und zäheste. Es gibt gar keinen Dienst, der seine Dankbarkeit so weit brächte, die Hand dafür aufzutun. Lob, Anerkennung, Wohlwollen in Worten, Freundschaftsversicherungen soviel du willst, – aber Geld? – keine Rede! Ich wüßte nichts so Trocknes und Dürres als seine Liebkosungen und Gunstbezeigungen, und vor dem Wort Geben hat er solchen Abscheu, daß er nie sagt: ich gebe Euch mein Wort, sondern ich verpfände Euch mein Wort.

FROSINE: Laß das gut sein; ich verstehe mich auf die Kunst, die Leute zu rupfen; ich weiß, wie man's anfängt, sich ihre Zuneigung zu erwerben, ihr Herz zu kitzeln und ihre schwachen Seiten zu finden.

LA FLÈCHE: Ja, schön! Versuch's einmal, unsern Mann in Geldsachen gemütlich zu machen. Da ist er ein Türke; aber von solcher Türkenhaftigkeit, daß er die ganze Welt zur Verzweiflung bringen könnte; sähe er einen sterben, es würde ihn nicht rühren. Mit einem Wort, er liebt das Geld mehr als guten Namen, Ehre und Tugend; wenn ihn jemand anspricht und ihn um etwas bittet, bekommt er Krämpfe; das ist der Punkt, wo er sterblich ist, das durchbohrt ihm die Brust, das zerreißt ihm das Herz; und wenn ... aber da kommt er wieder; ich mache mich aus dem Staube.

Sechste Szene

HARPAGON. FROSINE

HARPAGON *(für sich)*: Alles in Ordnung. – *(Laut)* Nun, Frosine, wie steht's?

FROSINE: Ei du mein Gott, wie gut seht Ihr heut aus! Wahrhaftig, wie die Gesundheit selbst!

HARPAGON: Wer? Ich?

FROSINE: Ich habe Euch noch nie so blühend und frisch von Farbe gefunden.

HARPAGON: Im Ernst?
FROSINE: Weiß Gott, Ihr seid in Eurem Leben nie so jung gewesen; und ich kenne Leute von fünfundzwanzig Jahren, die älter sind als Ihr.
HARPAGON: Ich habe aber doch bei alledem meine vollgezählten sechzig.
FROSINE: Nun, was sind denn sechzig Jahre? Das ist etwas Rechtes! Das ist ja die wahre Blüte des Alters, und Ihr tretet jetzt erst in die schönste Zeit des Lebens.
HARPAGON: Das mag sein; aber so an zwanzig Jahre weniger könnten denn doch nicht schaden, sollte ich meinen.
FROSINE: Ihr spaßt wohl? Das habt Ihr ja gar nicht nötig. Ihr seid ganz drauf angelegt, hundert Jahre alt zu werden.
HARPAGON: Glaubst du?
FROSINE: Unbedingt; das geht aus allem hervor. Steht einmal ein wenig still: ach, was sehe ich da zwischen Euren Augen für ein gutes Zeichen eines langen Lebens!
HARPAGON: Verstehst du dich darauf?
FROSINE: Ja, gewiß. Zeigt mir einmal Eure Hand. O du meine Güte! Welch schöne Lebenslinie!
HARPAGON: Wieso?
FROSINE: Seht Ihr nicht, wie weit sie geht?
HARPAGON: Nun, und was hat denn das zu bedeuten?
FROSINE: Auf Ehre, ich sagte doch, hundert Jahre; aber Ihr bringt es auf hundertundzwanzig.
HARPAGON: Wäre das möglich?
FROSINE: Ich sage Euch, man wird Euch totschlagen müssen; und Ihr werdet Eure Kinder und Kindeskinder begraben.
HARPAGON: Desto besser. Aber wie steht's mit unsrer Sache?
FROSINE: Braucht's da noch einer Frage? Und mische ich mich je in so etwas, ohne es durchzusetzen? – Ich habe für die Heiraten eine ganz besonders glückliche Hand. Es gibt keine Partie in der Welt, die ich mir nicht getraute in kurzer Zeit zustande zu bringen; und ich glaube, wenn ich mir's in den Kopf gesetzt hätte, ich verheiratete den Großtürken mit der Republik Ve-

nedig. Und in unsrer Sache waren wahrhaftig auch keine großen Schwierigkeiten. Da ich bei ihnen ein- und ausgehe, habe ich mit beiden ausführlich von Euch gesprochen und der Mutter von Euren Absichten auf Marianen erzählt, seit Ihr sie auf der Straße und am Fenster erblickt habt.

HARPAGON: Und was hat sie erwidert?

FROSINE: Sie war sehr erfreut über Euren Antrag; und als ich ihr mitteilte, Ihr wünschtet, daß das Fräulein heut abend zugegen sein möchte, wenn der Ehekontrakt Eurer Tochter unterschrieben wird, hat sie gleich eingewilligt und will sie mir anvertrauen.

HARPAGON: Siehst du, Frosine, ich muß ohnehin Herrn Anselme auf heut abend einladen, und da wäre mir's ganz lieb, wenn sie sich dazu einfände.

FROSINE: Ihr habt ganz recht. Sie soll heut nach Tisch Eurer Tochter einen Besuch machen; von da wollte sie ein wenig auf den Jahrmarkt gehn und dann zum Abendessen wieder hier sein.

HARPAGON: Nun gut; da können sie beide in meiner Kutsche fahren; ich will sie ihnen dazu leihen.

FROSINE: Das wird ihr eben recht sein.

HARPAGON: Aber Frosine, hast du auch mit der Mutter über die Mitgift gesprochen, die sie ihrer Tochter geben kann? – Hast du ihr begreiflich gemacht, sie müsse sich ein wenig zusammennehmen, müsse sich etwas anstrengen, müsse bei einer Gelegenheit wie dieser sich einmal schröpfen? Denn man heiratet doch am Ende auch kein Mädchen, das nicht etwas mitbringt.

FROSINE: Aber was wollt Ihr? Zwölftausend Livres jährlicher Rente bringt sie Euch mit.

HARPAGON: Zwölftausend Livres jährlicher Rente?

FROSINE: Jawohl. Für's erste ist sie, was den Tisch betrifft, an die größte Einfachheit gewöhnt: sie lebt von Salat, von Milch, von Käse und Äpfeln und bedarf deshalb weder einer reichbesetzten Tafel, noch besonders kräftiger Suppen, noch alle sonstigen Delikatessen, die eine andre Frau fordern würde: und das alles beläuft sich auf garnicht so wenig, so daß es am Ende des Jahrs seine dreitausend Livres ausmachen würde. Überdem sieht sie nur auf Reinlichkeit und Einfachheit und fragt nichts nach prächtigen Kleidern, kostbaren Juwelen oder schönen Möbeln, auf die andre Weiber so erpicht sind; das ist wieder ein Artikel, den wir auf viertausend Livres im Jahre anschlagen können. Endlich hat sie einen unüberwindlichen Abscheu vor dem Spiel, der wahrhaftig unter den Frauen heutzutage selten ist; ich kenne eine in diesem Viertel, die im Trente et Quarante zwanzigtausend Franken im Jahr verloren hat. Wir wollen aber nur den vierten Teil rechnen. Fünftausend Franken im Jahr Spielverlust, viertausend für Kleider und Juwelen, das macht neuntausend Livres; und dreitausend Taler, auf die ich die Mahlzeiten anschlage, – haben wir da nicht Eure jährlichen zwölftausend Franken richtig gerechnet? –

HARPAGON: Das ist soweit nicht übel; aber ich sehe nichts Positives dabei.

FROSINE: Verzeiht mir! – Ist denn das nicht etwas sehr Positives, wenn Euch ein Mädchen als Mitgift eine große Mäßigkeit, als Erbschaft eine große Vorliebe für Einfachheit und als Zugabe einen tödlichen Widerwillen gegen das Spiel mitbringt?

HARPAGON: Es ist aber doch nur ein Scherz, ihre Mitgift aus allen den Ausgaben konstituieren zu wollen, die sie *nicht* macht. Ich werde doch keine Quittung ausstellen über etwas, das ich nicht empfangen habe, und muß durchaus auf etwas Barschaft bestehn.

FROSINE: Mein Gott ja, die wird sich auch finden; sie haben mir von einem Lande gesagt – ich weiß nicht welchem –, wo sie Güter besitzen, und die werden Euch zufallen.

HARPAGON: Das muß ich erst untersuchen. Aber Frosine, dann ist noch ein Umstand, der mich beunruhigt. Das Mädchen, siehst du, ist jung, die Jugend aber liebt in der Regel nur ihresgleichen und will keinen andern Umgang. Nun fürchte ich, ein Mann in meinen Jahren wird ihr nicht gefallen, und das könnte zu gewissen kleinen Unzuträglichkeiten führen, die mir nicht gefallen würden.

FROSINE: Ach, wie schlecht kennt Ihr sie! Das ist noch eine Eigenheit an ihr, die ich Euch nicht genannt habe. Sie hat einen erschrecklichen Abscheu vor allen jungen Leuten und liebt nur die Alten.

HARPAGON: Sie?

FROSINE: Ja, sie. Ich wünschte, Ihr hättet sie darüber reden hören. Sie kann den Anblick eines jungen Mannes nicht ausstehn; aber nichts gefällt ihr besser, sagt sie, als ein schöner Greis mit einem majestätischen Bart. Je älter einer ist, je lieber hat sie ihn; und ich rate Euch, gebt Euch ja nicht für jünger aus, als Ihr seid. Sie verlangt zum mindesten einen Sechziger; und es ist noch kein Vierteljahr her, als sie drauf und dran war, sich zu verheiraten, und alles kurz abbrach, weil ihr Verlobter fallen ließ, er sei erst sechsundfünfzig Jahr, und weil er den Kontrakt ohne Brille unterschreiben wollte.

HARPAGON: Ei! bloß deswegen?

FROSINE: Ja. Sechsundfünfzig Jahr, sagt sie, wären ihr zu wenig, und ganz besonders sind ihr die Nasen zuwider, die keine Brille tragen.

HARPAGON: Nun in der Tat, da erzählst du mir etwas ganz Neues.

FROSINE: Das geht noch viel weiter, als man's glauben sollte. Sie hat in ihrem Zimmer einige Gemälde und einige Kupferstiche hängen; aber was denkt Ihr wohl, daß sie sich ausgesucht hat? Etwa einen Adonis, einen Cephalus, einen Paris, einen Apoll? – Gott bewahre! Nein, lauter schöne Abbildungen vom Saturn, vom König Priamus, vom alten Nestor und vom ehrwürdigen Vater Anchises, wie Aeneas ihn auf den Schultern trägt.

HARPAGON: Das ist ja unvergleichlich; das hätte ich kaum für möglich gehalten und bin ganz erfreut, daß sie so guten Geschmack hat. Aber in der Tat, wenn ich eine Frau wäre, ich könnte die jungen Männer auch nicht leiden.

FROSINE: Das geht mir ebenso. Schöne Apothekerware, wahrhaftig, solches junges Volk, für unsern Gaumen! – Solche glatte Milchgesichter, solche eben aufgeschossene Gelbschnäbel sollten mir auch den Mund wäßrig machen? Ich möchte doch wissen, wie man darauf Appetit haben kann! –

HARPAGON: Ich muß sagen, ich kann's auch nicht begreifen, und ich verstehe nicht, wie es Frauen gibt, die sie gern haben.

FROSINE: Völlig verrückt müssen sie sein. Wie kann man nur die Jugend liebenswürdig finden? Heißt das seinen gesunden Menschenverstand haben? – Sind denn diese jungen blondköpfigen Burschen richtige Männer, und kann man sich in solche Geschöpfchen vergaffen? –

HARPAGON: Das sage ich ja alle Tage! Mit ihrem doppelten Stimmregister, ihren drei Härchen auf der Oberlippe, die sie wie einen Katzenbart in die Höhe drehen, ihren Flachsperükken, ihren ellenweiten Pluderhosen und ihren aufgeknöpften Wämsern …

FROSINE: Wie sich das alles ausnimmt, wenn man solch eine Figur wie Eure damit vergleicht! Das nenn' ich mir ein Mannsbild; daran haben die Augen doch etwas zu sehn; ja, so muß man gebaut sein und sich anziehn, um einem Mädchen zu gefallen.

HARPAGON: Du findest mich also leidlich?

FROSINE: Was sagt Ihr? – Herzgewinnend! Euer Gesicht ist zum Malen! Dreht Euch doch einmal um, seid so gut! – Vortrefflich! Jetzt laßt mich Euch gehn sehn. Das nenne ich mir einen Wuchs, einen freien, ungezwungenen feinen Anstand und eine Haltung, die am besten beweist, daß Ihr von keiner körperlichen Beschwerde etwas wißt.

HARPAGON: Davon bin ich auch, Gott sei Dank, so ziemlich frei. Da ist nur mein Brustkatarrh, der mich mitunter heimsucht.

FROSINE: Ach, das ist nichts. Euer Brustkatarrh kleidet Euch gar nicht übel; im Gegenteil! Ihr habt einen angenehmen Husten.

HARPAGON: Sag mir doch: hat mich Mariane noch nie gesehn? – Hat sie nicht vielleicht im Vorbeigehn auf mich geachtet?

FROSINE: Nein; aber wir haben schon viel von Euch gesprochen. Ich habe ihr eine Schilderung von Eurer Person entworfen und nicht verfehlt, Euer Verdienst herauszustreichen und ihr auseinanderzusetzen, welches Glück es für sie sein würde, einen Mann wie Euch zu bekommen.

HARPAGON: Das hast du recht gemacht, und ich danke dir.

FROSINE: Ich hätte Euch eine kleine Bitte vorzutragen, mein gnädigster Herr. Ich habe einen Prozeß, den ich auf dem Punkt stehe zu verlieren, weil mir eine geringe Summe fehlt; *(Harpagon wird ernsthaft)* und Ihr könntet mir mit Leichtigkeit dazu verhelfen, ihn zu gewinnen, wenn Ihr so gütig wärt, mir ein wenig beizustehn. – Ihr könnt Euch gar nicht vorstellen, wie erfreut sie sein wird, Euch zu sehn. *(Harpagons Gesicht erheitert sich)* Ach, wie gut werdet Ihr dem lieben Mädchen gefallen; und welchen Eindruck wird Eure ehrwürdige Krause aus der alten guten Zeit auf sie machen! – Aber vor allem wird es ein rechtes Fest für sie sein, zu sehn, daß Ihr Euer Beinkleid noch mit Nesteln an das Wams festmacht. Das wird ihr ganz den Kopf verdrehen; ich sage Euch, ein Liebhaber mit Nesteln wird ihr ein Festessen sein.

HARPAGON: Nun wahrhaftig, es ist mir sehr lieb, das zu hören.

FROSINE: In der Tat, gnädiger Herr, der Prozeß ist für mich von der größten Wichtigkeit. *(Harpagon wird wieder ernsthaft)* Ich bin ruiniert, wenn ich ihn verliere, und eine noch so kleine Unterstützung könnte alles wieder ins Gleis bringen ... Ich wollte nur, Ihr hättet ihre entzückten Mienen gesehn, als ich ihr von Euch erzählte. *(Harpagon wird wieder vergnügt)* Die Freude glänzte in ihren Augen, als ich von Euren schönen Eigenschaften sprach; und ich habe sie endlich so weit gebracht, daß sie mit wahrer Sehnsucht den Augenblick erwartet, wo Ihr um sie anhalten werdet.

HARPAGON: Du hast mir große Freude gemacht, Frosine, und ich bin dir zu unendlichem Dank verpflichtet.

FROSINE: Laßt mich Euch also nochmals bitten, mir die kleine Hilfe zu gewähren, um die ich Euch angesprochen habe.

(Harpagons Gesicht verfinstert sich wieder) Das wird mir wieder aufhelfen, und ich würde Euch ewig dankbar dafür sein.
HARPAGON: Gott befohlen; ich muß meine Briefe fertigmachen.
FROSINE: Ihr könnt mir's glauben, ich bin nie in so dringender Verlegenheit gewesen ...
HARPAGON: Ich werde den Befehl geben, daß angespannt werden soll, um Euch auf den Jahrmarkt zu fahren ...
FROSINE: Gewiß würde ich Euch nicht zur Last fallen, wenn ich mich nicht durch die äußerste Not dazu gezwungen sähe. –
HARPAGON: Und das Abendbrot recht früh auftragen lassen, damit es niemand schlecht bekomme.
FROSINE: Schlagt mir meine inständige Bitte nicht ab. Ihr glaubt nicht, gnädiger Herr, welche Freude ...
HARPAGON: Ich muß gehn; man ruft mich. Also auf Wiedersehn! –
FROSINE *(allein)*: Daß dich das Fieber schüttle, du Hund von einem Geizhals, der Teufel soll dich holen! – Der alte Knauser blieb fest bei allen meinen Angriffen; aber ich gebe den Handel drum nicht auf. Im schlimmsten Fall gehe ich ins andre Lager; da kann ich auf eine gute Belohnung rechnen.

Dritter Akt

Erste Szene

HARPAGON. CLÉANTE. ELISE. VALÈRE. FRAU CLAUDE, *die einen Besen in der Hand hält.* JACQUES. LA MERLUCHE. BRIND'AVOINE

HARPAGON: Seid Ihr alle da? – so kommt her, damit ich Euch hernach meine Befehle austeile und jeder weiß, was er zu tun hat. Näher, Frau Claude, denn mit Euch will ich anfangen. So, da habt Ihr schon Euer Gewehr im Arm. Ihr wischt mir alles recht rein und nehmt Euch vor allen Dingen in acht, die Möbel nicht zu scharf abzureiben, damit Ihr sie nicht abnutzt. Außerdem installiere ich Euch während des Abendessens als Aufseherin über die Flaschen; und wenn mir eine abhanden kommt oder sonst etwas zerbricht, so halte ich mich an Euch und ziehe es Euch vom Lohn ab.
JACQUES *(beiseite)*: Sehr schlaue Politik!
HARPAGON *(zu Frau Claude)*: Geht jetzt.

Zweite Szene

HARPAGON. CLÉANTE. ELISE. VALÈRE. JACQUES. BRIND'AVOINE. LA MERLUCHE

HARPAGON: Euch, Brind'avoine, und Euch, La Merluche, Euch übertrage ich das Amt, die Gläser zu schwenken und bei Tisch einzuschenken: aber nur, wenn einer Durst hat, und nicht, wie so oft die impertinenten Schlingel von Lakaien es machen, die die Gäste ordentlich zum Trinken auffordern und sie drauf bringen, wenn sie gar nicht daran dachten. Wartet immer, bis ihr zweimal gerufen seid, und vergeßt mir nicht, gehörig Wasser dazu zu gießen.
JACQUES *(beiseite)*: Natürlich; der pure Wein steigt zu Kopf.
LA MERLUCHE: Ziehn wir die Livree an, gnädiger Herr?

HARPAGON: Ja, aber nicht eher, als bis Ihr die Leute kommen seht, und dann nehmt Euch in acht, daß Ihr Eure Kleider nicht verderbt.

BRIND'AVOINE: Ihr wißt doch, gnädiger Herr, daß mein Wams auf der einen Vorderseite einen großen Ölfleck hat?

LA MERLUCHE: Ja, gnädiger Herr, und meine Hosen sind hinten ganz durchlöchert, so daß man, mit Ehren zu melden ...

HARPAGON: Still! – Stellt Euch nur, so viel Ihr könnt, recht nahe an die Wand und zeigt Eure Vorderseite. Und Ihr *(zu Brind' avoine)* haltet Euren Hut nur immer so, wenn Ihr aufwartet. *(Er macht es ihm vor)*

Dritte Szene

HARPAGON. CLÉANTE. ELISE. VALÈRE. JACQUES

HARPAGON: Du, meine Tochter, wirst ein wachsames Auge auf alles haben, was man abträgt, und aufpassen, daß nichts verschleppt wird; das steht einem Mädchen gut an. Einstweilen aber mache dich fertig, meine Zukünftige zu empfangen, die dir ihren Besuch machen und mit dir auf den Jahrmarkt fahren wird. Hast du mich verstanden?

ELISE: Ja, Vater.

Vierte Szene

HARPAGON. CLÉANTE. VALÈRE. JACQUES

HARPAGON: Und dir, mein Herr Fant, dem ich seine letzte Geschichte aus besondrer Güte verzeihen will, dir rate ich, daß du dir's nicht etwa einfallen läßt, sie schief anzusehn.

CLÉANTE: Ich, Vater? ich sollte sie schief ansehn? und weshalb?

HARPAGON: Ei, mein Gott, wir wissen ja, welchen Lärm die Kinder machen, deren Väter sich zum zweitenmal verheiraten, und mit was für Augen sie ihre sogenannte Stiefmutter anzusehn pflegen. Wenn dir aber darum zu tun ist, daß ich den Skandal von vorhin vergesse, so empfehle ich dir ganz besonders, daß du der jungen Dame artig entgegenkommst und sie so freundlich empfängst, wie dir's möglich ist.

CLÉANTE: Aufrichtig gesagt, Vater, ich kann Euch nicht versprechen, daß mir's große Freude macht, wenn sie meine Stiefmutter wird: ich würde lügen, wenn ich Euch das sagte. Aber was das freundliche Entgegenkommen und den artigen Empfang betrifft, so gelobe ich Euch in diesem Punkte strikten Gehorsam.

HARPAGON: Nimm dich nur in acht!

CLÉANTE: Ihr sollt nicht über mich zu klagen haben.

HARPAGON: Das wollen wir hoffen.

Fünfte Szene

HARPAGON. VALÈRE. JACQUES

HARPAGON: Dich brauche ich auch, Valère. Jetzt also, Meister Jacques, kommt näher; Euch habe ich bis zuletzt gelassen.

JACQUES: Wollt Ihr mit Eurem Kutscher sprechen, gnädiger Herr, oder mit Eurem Koch? Denn ich bin eins wie das andre.

HARPAGON: Mit beiden.

JACQUES: Aber mit welchem zuerst?

HARPAGON: Mit dem Koch.

JACQUES: Dann seid so gut und wartet ein wenig.

(Er zieht seinen Stallkittel aus und erscheint als Koch)

HARPAGON: Was zum Henker machst du für Umstände?

JACQUES: Nun könnt Ihr anfangen.

HARPAGON: Ich habe mich darauf eingelassen, Meister Jacques, heut abend Gäste einzuladen.

JACQUES *(beiseite)*: Ein wahres Weltwunder!

HARPAGON: Nun sag einmal, kannst du uns etwas Gutes zu essen geben?

JACQUES: Warum nicht? Wenn Ihr mir recht viel Geld gebt?

HARPAGON: Was Teufel! Immer Geld! Es scheint, als hättet Ihr nie etwas anderes zu sagen, als Geld, Geld, Geld! Sie haben immer alle das eine Wort auf der Zunge: Geld! Sprechen nie von etwas anderem als von Geld! Damit stehen sie auf und gehen damit zu Bett: immer und ewig nur Geld!

VALÈRE: Ich habe nie eine so alberne Antwort gehört, Meister Jacques. Als ob das eine Kunst wäre, eine gute Mahlzeit für viel Geld herzurichten: das ist das Leichteste von der Welt, und kein Koch ist so einfältig, daß er das nicht verstände. Wer sich aber als geschickten Künstler zeigen will, der liefert etwas Gutes für wenig Geld.

JACQUES: Etwas Gutes für wenig Geld!

VALÈRE: Jawohl!

JACQUES: Meiner Treu, Herr Haushofmeister, Ihr tätet mir einen Gefallen, wenn Ihr mich das Kunststück lehrtet und mein Amt als Koch übernähmt. Ihr wollt ja ohnehin das Faktotdumm hier im Hause vorstellen!

HARPAGON: Haltet das Maul! Was werden wir also nehmen?

JACQUES: Ihr habt ja da Euern Herrn Haushofmeister, der Euch eine gute Mahlzeit für wenig Geld besorgen will.

HARPAGON: He, ich will eine Antwort auf meine Frage.

JACQUES: Wieviel Personen habt Ihr eingeladen?

HARPAGON: Wir werden unser acht oder zehn sein; rechnen wir aber nur acht. Wenn für acht zu essen ist, haben auch zehn genug.

VALÈRE: Das versteht sich.

JACQUES: Nun gut, da brauchen wir also vier große Schüsseln und fünf Assietten; Potagen, – Entréen, –

HARPAGON: Den Teufel auch! Damit könnte man ja eine ganze Stadt traktieren.

JACQUES: Als Braten …

HARPAGON *(hält ihm die Hand auf den Mund)*: Halunke, du bringst mich ja um mein ganzes Vermögen!

JACQUES: Zwischengerichte …

HARPAGON: Noch mehr?

VALÈRE *(zu Meister Jacques)*: Wollt Ihr's denn darauf anlegen, daß sich alle Gäste zu Tode essen sollen? Hat denn der gnädige Herr seine Freunde eingeladen, um sie durch eine solche Abfütterung umzubringen? Werft nur einmal einen Blick in die Regeln für die Erhaltung der Gesundheit und fragt jeden Arzt, ob es etwas für den Menschen Schädlicheres gibt, als übermäßig viel zu essen!

HARPAGON: Er hat recht.

VALÈRE: Begreift doch, Meister Jacques, Ihr und Euresgleichen, daß eine so überfüllte Tafel zu einer wahren Mördergrube wird; daß, wenn man sich als aufrichtigen Freund seiner Gäste beweisen will, bei den Mahlzeiten die größte Mäßigkeit herrschen muß; und daß man nach dem Ausspruch eines alten Weltweisen ißt, um zu leben, und nicht lebt, um zu essen.

HARPAGON: Ei wie schön war das ausgedrückt! – Komm her, Valère, für den Spruch muß ich dich umarmen. Das ist die geistreichste Sentenz, die ich in meinem Leben gehört habe: man muß leben, um zu essen, und nicht essen, um zu le... Nein, so war's nicht. Wie hast du doch gesagt?

VALÈRE: Man müsse essen, um zu leben, und nicht leben, um zu essen.

HARPAGON *(zu Jacques)*: Hörst du wohl? *(Zu Valère)* Wer ist der große Mann, der das gesagt hat?

VALÈRE: Ich kann mich nicht gleich auf seinen Namen besinnen.

HARPAGON: Schreib mir den Satz auf. Vergiß es nicht. Ich will ihn in goldenen Lettern über den Kamin meines Eßzimmers gravieren lassen.

VALÈRE: Das soll geschehen. Und was Eure Abendtafel betrifft, so überlaßt mir nur alles; ich werde es Euch besorgen, wie sich's gehört.

HARPAGON: Schön!

JACQUES: Desto besser! Dann habe ich weniger Arbeit davon.

HARPAGON: Wir müssen Gerichte nehmen, von denen man

wenig ißt und die gleich satt machen; so etwa ein recht fettes Hammelragout, und dazu eine Topfpastete mit recht viel Kastanien darin.

VALÈRE: Verlaßt Euch auf mich.

HARPAGON: Jetzt muß also gleich die Kutsche reingemacht werden, Meister Jacques.

JACQUES: Still, das geht den Kutscher an.
(Zieht seinen Stallkittel wieder an)
Ihr sagtet ...

HARPAGON: Die Kutsche soll ausgestäubt und die Pferde angespannt werden ...

JACQUES: Die Pferde, gnädiger Herr? – Lieber Gott, die sind gar nicht imstande, sich von der Stelle zu rühren. Ich werde Euch nicht sagen, daß sie aus Hunger ihre Streu fressen, denn die armen Tiere haben keine, und ich spräche nicht die Wahrheit; aber Ihr laßt sie so strenge Fasten halten, daß sie keine Pferde mehr sind; nein, nur noch Gedanken oder Gespenster, wahre Schatten von Pferden.

HARPAGON: Was ist denn da viel zu klagen! Sie tun ja nichts!

JACQUES: Und weil sie nichts tun, gnädiger Herr, sollen sie wohl auch nichts fressen? Es wäre viel besser für die armen guten Tiere, wenn sie viel arbeiten müßten und hätten dafür auch viel zu fressen. Es geht mir allemal durchs Herz, wenn ich sie so klapperdürr sehe, denn ich habe meine Pferde so lieb, daß mir's immer zumute ist, als müßte ich selbst mit hungern, wenn sie so heruntergekommen dastehen. Ich knappe mir's täglich für sie am Munde ab und muß Euch sagen, gnädiger Herr, so gar kein Mitleid mit seinem Nächsten zu haben, das ist allzu grausam.

HARPAGON: Von hier bis auf den Markt werden sie doch wohl fahren können?

JACQUES: Nein, ich traue mir's nicht zu und würde mir ein Gewissen daraus machen, sie zu peitschen, so elend wie sie sind. Wie sollten sie wohl eine Kutsche schleppen? Sie können sich ja selbst kaum schleppen.

VALÈRE: Gnädiger Herr, ich werde den Nachbar Picard bitten, daß er fährt: er muß uns ohnehin in der Küche helfen.

JACQUES: Da habe ich nichts dagegen; ich will noch lieber, daß sie einem andern unter den Händen krepieren als mir.

VALÈRE: Meister Jacques tut ja ungemein weise.

JACQUES: Und der Herr Haushofmeister tut sehr wichtig.

HARPAGON: Still!

JACQUES: Gnädiger Herr, ich kann die Schmeichler nicht leiden; und ich sehe, daß der einer ist. Alles, was er tut, sein ewiges Aufpassen auf Brot und Wein, auf Salz und Lichter, ist nur, um Euch zu kitzeln und den Hof zu machen. Das ärgert mich, und ich möchte aus der Haut fahren, wenn ich alle Tage hören muß, wie die Leute über Euch reden: denn ich mag wollen oder nicht, ich halte immer noch etwas auf Euch, und nach meinen Pferden seid Ihr mir die liebste Person, die ich habe.

HARPAGON: Nun, Meister Jacques, was sagen denn die Leute von mir?

JACQUES: Ja, wenn ich wüßte, daß Ihr nicht böse würdet ...

HARPAGON: Nein, durchaus nicht.

JACQUES: Verzeiht mir, ich weiß nur allzugut, daß Ihr's übel nähmt.

HARPAGON: Nicht im mindesten! Im Gegenteil, man täte mir einen Gefallen, und es wäre mir ganz lieb, einmal zu hören, wie man von mir spricht.

JACQUES: Gnädiger Herr, wenn Ihr's denn nicht anders wollt, so will ich Euch frei heraus sagen, daß man sich allenthalben über Euch aufhält. Von allen Seiten bekommen wir Sticheleien über Euren Geiz zu hören, und die Leute finden ihr Hauptvergnügen daran, Euch durchzuhecheln, um sich immer neue Geschichten von Eurer Knauserei zu erzählen. Der eine spricht, Ihr ließet aparte Kalender drucken, in denen die Quatember und die Fasttage doppelt ständen, damit Eure Dienstboten weniger zu essen bekämen; ein anderer behauptet, Ihr hättet zur Zeit des Gesindewechsels oder um Neujahr stets einen Streit mit ihnen parat, um Euch die Geschenke zu sparen. Wieder einer versichert, Ihr hättet einmal Eures Nachbars Katze vor Gericht zitiert, weil sie Euch ein Stück Schöpskeule gefressen; noch einer, Ihr wäret in der Nacht dabei betroffen worden, wie Ihr selbst Euren Pferden den Hafer aus der Krippe stahlt und wie Euer Kutscher, mein Vorgänger, Euch in der Dunkelheit ich weiß nicht wieviel Stockschläge gegeben hätte, über die Ihr stillschweigen mußtet. Kurz, wenn Ihr's denn wissen wollt, man kann sich nirgends blicken lassen, wo man Euch nicht heruntermachen hört. Ihr seid die Fabel und der Kinderspott der ganzen Stadt und heißt bei den Leuten nicht anders als der Geizteufel, der Knicker, der Filz und der Pfandwucherer.

HARPAGON *(schlägt ihn)*: Und du bist ein Esel, ein Schurke und ein unverschämter Schlingel!

JACQUES: Da haben wir's! Hatte ich nun nicht ganz recht? Ihr habt mir nicht glauben wollen. Ich wußte wohl, Ihr würdet zornig werden, wenn ich die Wahrheit sagte.

HARPAGON: Ich will dich reden lehren!

Sechste Szene

VALÈRE. JACQUES

VALÈRE *(lacht)*: Das habt Ihr von Eurer Aufrichtigkeit, Meister Jacques.

JACQUES: Sapperment, Ihr neugebackener Herr Haushofmeister, der sich hier so breitmacht, was geht Euch das an? Ihr mögt lachen, wenn Ihr selbst einmal Schläge bekommt; um meine braucht Ihr Euch nicht zu kümmern.

VALÈRE: Ei, mein lieber Meister Jacques, werdet nur nicht böse, ich bitte Euch.

JACQUES *(beiseite)*: Er gibt klein bei; nun will ich ihm die Zähne weisen, und wenn er so dumm ist, sich vor mir zu fürchten, klopfe ich ihm die Jacke aus. *(Laut)* Wißt Ihr auch, wie Ihr dasteht und lacht, daß es mir gar nicht lächerlich ist und daß, wenn Ihr mir den Kopf warm macht; ich Euch ganz anders lachen lehren will?

(Er droht Valère und drängt ihn in den Hintergrund der Bühne)

VALÈRE: Oh, nur sachte! –

JACQUES: Was, sachte! – Ich will aber nicht! –

VALÈRE: Seid doch vernünftig! –

JACQUES: Ihr seid ein unverschämter Kerl!

VALÈRE: Mein lieber Meister Jacques!

JACQUES: Ich bin nicht Euer lieber Meister Jacques, und wenn ich einen Stock finde, so werde ich Euch wamsen, daß es eine Art haben soll.

VALÈRE: Was? Einen Stock? – *(Er drängt Jacques in den Hintergrund)*

JACQUES: Ei, es war ja nicht so schlimm gemeint!

VALÈRE: Wißt Ihr wohl, Ihr Hasenfuß, daß mir's in den Fingern juckt, Euch selbst durchzuprügeln?

JACQUES: Daran zweifle ich nicht.

VALÈRE: Daß Ihr alles in allem nichts weiter seid als ein lumpiger Koch?

JACQUES: Ja, ja! Das weiß ich wohl!

VALÈRE: Und daß Ihr mich noch gar nicht kennt?

JACQUES: Nehmt's nur nicht übel!

VALÈRE: Ihr wollt mich wamsen, sagt Ihr?

JACQUES: Das war ja nur Spaß!

VALÈRE: Euer Spaß gefällt mir aber nicht *(er gibt ihm Stockschläge)*: ich will Euch zeigen, daß Ihr ein schlechter Spaßmacher seid! –

JACQUES: Hole der Henker die Aufrichtigkeit! – Es ist ein schlechtes Handwerk; von nun an befasse ich mich nicht mehr mit ihr und will mich wohl hüten, wieder die Wahrheit zu sagen. Von meinem gnädigen Herrn mag's noch hingehen, der hat so quasi das Recht, mich zu prügeln; aber dem Herrn Haushofmeister werde ich's gedenken, wenn ich kann.

Siebente Szene

MARIANE. FROSINE, JACQUES

FROSINE: Wißt Ihr, Meister Jacques, ob Euer Herr zu Hause ist?
JACQUES: Ja, das ist er; ich weiß es nur zu gut.
FROSINE: Seid so gut und sagt ihm, daß wir hier sind.

Achte Szene

MARIANE. FROSINE

MARIANE: Ach, Frosine, wie seltsam ist mir zumut! Und aufrichtig gestanden, wie fürchte ich mich vor dieser Zusammenkunft!
FROSINE: Warum denn? Und was macht Euch so unruhig?
MARIANE: Ach, könnt Ihr noch fragen? Wer wäre denn nicht außer sich, wenn er im nächsten Augenblick zum Richtblock geführt werden soll?
FROSINE: Ich begreife freilich, daß Ihr, um auf eine angenehme Weise zu sterben, lieber einen andern Block umarmen möchtet als Herrn Harpagon, und ich lese in Euren Mienen, daß der junge Blondkopf, von dem Ihr mir erzählt, Euch wieder ein wenig in den Sinn kommt.
MARIANE: Ja, Frosine, ich will's nicht leugnen und gestehe dir gern, daß seine ehrerbietigen Besuche bei uns nicht ohne Eindruck auf mich geblieben sind.
FROSINE: Habt Ihr denn erfahren, wer er ist?
MARIANE: Nein; wer er ist, weiß ich nicht. Aber ich weiß, daß ich ihn höchst liebenswürdig finde; daß, wenn alles von meiner Wahl abhinge, ich ihn jedem andern vorziehen würde und daß er nicht wenig dazu beiträgt, mir die für mich bestimmte Heirat zu verleiden.
FROSINE: Liebe Zeit! Alle die jungen blonden Köpfe sind liebenswürdig und verstehen es, sich einzuschmeicheln; aber die meisten sind arm wie die Kirchenmäuse: Ihr steht Euch sehr

viel besser, wenn Ihr einen alten Herrn nehmt, der Euch recht viel hinterläßt. Ich gebe zu, daß das ein großer Entschluß ist und daß man mit einem solchen Mann allerlei zu überwinden hat. Aber es dauert ja nicht lange, und sein Tod, das glaubt mir, wird Euch sehr bald dazu verhelfen, einen zu wählen, der Euch gefällt und der alles wieder gut machen wird.

MARIANE: Mein Gott, Frosine, es ist aber doch eine traurige Sache, wenn man, um glücklich zu werden, den Tod eines andern herbeiwünschen oder erwarten muß; und überdem richtet der Tod sich selten nach unsern Plänen.

FROSINE: Ihr scherzt wohl! Ihr heiratet ihn unter keiner andern Bedingung, als daß er Euch bald zur Witwe mache; das muß einer der Artikel im Kontrakt sein. Er wäre ja wahrhaftig sehr rücksichtslos, wenn er nicht in drei Monaten sterben wollte! Da kommt er in eigner Person.

MARIANE: Ach, Frosine, welche Figur! –

Neunte Szene

HARPAGON. MARIANE. FROSINE

HARPAGON: Zürnt mir nicht, meine Schöne, wenn ich mit der Brille vor Euch erscheine. Ich weiß, daß Eure Reize genugsam in die Augen fallen und ohnedies sichtbar genug sind, um sie auch ohne Gläser zu erkennen: aber man beobachtet ja auch mit Gläsern die Gestirne, und ich behaupte und verbürge mich dafür, daß Ihr ein Stern seid, – aber ein Stern erster Größe, der schönste Stern im ganzen Sternenreich. – Frosine, sie antwortet keine Silbe und verrät, wie mir scheint, gar keine Freude, mich zu sehen?

FROSINE: Sie ist noch zu überrascht; und dann wißt Ihr ja, die Mädchen schämen sich immer, ihre Gefühle gleich zu verraten.

HARPAGON *(zu Frosine)*: Du hast recht. *(Zu Marianen)* Hier, mein schöner Engel, kommt meine Tochter, die Euch willkommen heißen will.

Zehnte Szene

HARPAGON. ELISE. MARIANE. FROSINE

MARIANE: Ich hätte Euch meinen Besuch schon längst abstatten sollen, mein Fräulein.
ELISE: Ihr habt getan, was ich hätte tun sollen: es wäre an mir gewesen, mein Fräulein, Euch zuvorzukommen.
HARPAGON: Ihr seht, sie ist schon groß; aber Unkraut wächst immer am schnellsten.
MARIANE *(leise zu Frosine)*: Der widerwärtige Alte! –
HARPAGON *(leise zu Frosine)*: Was sagt das schöne Kind?
FROSINE: Sie findet Euch höchst liebenswürdig.
HARPAGON: Ihr erzeigt mir zu viel Ehre, mein reizender Engel.
MARIANE *(beiseite)*: Wie unerträglich! –
HARPAGON: Eure Güte beschämt mich! –
MARIANE *(beiseite)*: Ich halte es nicht länger aus.

Elfte Szene

HARPAGON. MARIANE. ELISE. CLÉANTE. VALÈRE. FROSINE. BRIND'AVOINE

HARPAGON: Da kommt auch mein Sohn, um Euch seine Aufwartung zu machen.
MARIANE *(leise zu Frosine)*: Oh, Frosine, welcher Zufall! – Er ist's! Derselbe, von dem ich Euch gesprochen habe! –
FROSINE *(zu Mariane)*: Das ist eine schöne Geschichte! –
HARPAGON: Ich sehe, Ihr wundert Euch, daß ich so große Kinder habe; aber ich werde sie mir bald alle beide vom Halse schaffen.
CLÉANTE: Wenn ich Euch die Wahrheit sagen soll, mein Fräulein, so war ich auf dieses Zusammentreffen freilich nicht gefaßt; und mein Vater hat mich nicht wenig überrascht, als er mir eben seinen Entschluß mitteilte.
MARIANE: Ich kann Euch dasselbe versichern. Diese unvermutete Begegnung überrascht mich ebenso sehr wie Euch, und ich war auf ein solches Wiedersehen nicht vorbereitet.

CLÉANTE: Gewiß konnte mein Vater nicht besser wählen, mein Fräulein, und die Ehre, Euch hier zu sehen, gewährt mir das größte Vergnügen; aber trotz alledem könnte ich Euch doch nicht versprechen, daß ich mich darüber freuen würde, wenn Ihr meine Stiefmutter werden solltet. Es wird mir zu schwer, das gestehe ich, Euch als solche zu begrüßen, und es ist ein Name, den ich – mit Eurer Erlaubnis – Euch nicht wünsche. Was ich da sage, könnte manchem unhöflich scheinen; aber ich bin gewiß, Ihr werdet meine Worte richtig zu würdigen wissen. Es ist eine Heirat, mein Fräulein, die mir, wie Ihr wohl einseht, zuwider sein muß; es kann Euch nicht entgehen, wie sehr sie mein eigenes Interesse verletzt; und Ihr werdet mir's nicht verdenken, wenn ich, mit Erlaubnis meines Vaters, Euch geradezu versichere, daß, wenn's bei mir stände, diese Verbindung nicht zustande käme.

HARPAGON: Ist das eine unpassende Begrüßung! – Schöne Beichte, die er ihr da ablegt!

MARIANE: Und ich habe Euch darauf zu erwidern, daß es mir ebenso geht; und daß, sowie Ihr es ungern seht, wenn ich Eure Stiefmutter würde, mir's ebenso zuwider sein würde, Euch zum Stiefsohn zu haben. Glaubt ja nicht, daß es an mir lag, Euch diesen Verdruß zu machen. Es sollte mir leid sein, Euch unzufrieden zu sehen; und wenn mich nicht eine unabweisliche Notwendigkeit dazu zwingt, gebe ich Euch mein Wort, nie in eine Heirat zu willigen, die Euch unangenehm ist.

HARPAGON: Das war recht; auf ein solches Kompliment gehört sich eine solche Antwort. Ich bitte Euch um Verzeihung, meine Schöne, wegen seiner ungehörigen Art sich auszudrükken; er ist ein junger Laffe, der das Gewicht der Worte noch nicht kennt.

MARIANE: Ich kann Euch versichern, daß mir das, was er gesagt hat, gar nicht beleidigend vorkam; im Gegenteil, es machte mir Vergnügen, ihn seine wahrhaften Gesinnungen aussprechen zu hören. Sein Geständnis war mir ganz lieb, und ich würde sehr viel weniger von ihm halten, wenn er anders gesprochen hätte.

HARPAGON: Ihr seid allzu gütig, seinen Verstoß noch entschuldigen zu wollen. Mit der Zeit wird er schon klüger werden, und Ihr werdet sehen, daß er bald ganz anders darüber denken wird.

CLÉANTE: Nein, Vater, das wäre mir nie möglich, und ich bitte das Fräulein inständigst, davon überzeugt zu sein.

HARPAGON: Aber da sehe einer die Ungezogenheit! Er macht's ja nur immer ärger!

CLÉANTE: Soll ich denn gegen meine Überzeugung sprechen?

HARPAGON: Wahrhaftig, er bleibt dabei. Wirst du endlich in einem andern Tone sprechen?

CLÉANTE: Nun, wenn Euch dieser Ton nicht gefällt, so werde ich einen andern versuchen. Erlaubt, mein Fräulein, daß ich meines Vaters Stelle vertrete und Euch gestehe, daß ich nie ein so reizendes Wesen in der Welt gesehen habe wie Euch; daß ich mir nichts Entzückenderes vorstellen kann als das Glück, Euch zu gefallen; und daß der Titel, Euer Gatte zu sein, einen Ruhm, eine Seligkeit in sich schließt, die ich dem Glanz der größten Fürsten dieser Erde vorziehen würde. Ja, mein Fräulein, das Glück, Euch zu besitzen, ist in meinen Augen das schönste Los, das einem Sterblichen werden kann: darauf beschränkt sich mein ganzer Ehrgeiz. Es gibt nichts, dessen ich nicht fähig wäre, um einen so kostbaren Schatz zu erobern, und die mächtigsten Hindernisse ...

HARPAGON: Sachte, sachte, mein Herr Sohn, mit Eurer Erlaubnis ...

CLÉANTE: Ich spreche zu dem Fräulein in Eurem Namen.

HARPAGON: Ei was! Ich habe selbst eine Zunge und brauche dich nicht als Sachwalter. – Heda! Bringt Stühle!

FROSINE: Nein, ich schlage vor, daß wir gleich auf den Markt fahren, um desto eher wieder hier zu sein; wir haben hernach noch alle Zeit, uns zu unterhalten.

HARPAGON (*zu Brind'avoine*): Anspannen! –

Zwölfte Szene

HARPAGON. MARIANE. ELISE. CLÉANTE. VALÈRE. FROSINE

HARPAGON *(zu Marianen)*: Ich bitte Euch, mich zu entschuldigen, meine Schöne, daß ich nicht daran gedacht habe, Euch vorher eine kleine Erfrischung anzubieten.

CLÉANTE: Dafür habe ich gesorgt, Vater. Ich habe einige Schalen mit Apfelsinen, süßen Zitronen und Konfekt bestellt, die ich in Eurem Namen habe holen lassen.

HARPAGON *(leise zu Valère)*: Valère!

VALÈRE *(zu Harpagon)*: Er muß übergeschnappt sein!

CLÉANTE: Findet Ihr's vielleicht nicht genug? Das Fräulein wird Nachsicht haben.

MARIANE: Es war ja gar nicht nötig! –

CLÉANTE: Habt Ihr jemals, mein Fräulein, einen Diamanten schöner funkeln sehen als diesen hier, den mein Vater am Finger trägt?

MARIANE: Es ist wahr, er hat ein ungewöhnliches Feuer.

CLÉANTE *(zieht den Diamant vom Finger seines Vaters und überreicht ihn Marianen)*:
Ihr müßt ihn in der Nähe betrachten.

MARIANE: Gewiß, er ist sehr schön und spielt in den herrlichsten Farben.

CLÉANTE *(stellt sich vor Mariane, die den Ring zurückgeben will)*: O nein, mein Fräulein, er ist in viel zu schönen Händen. Mein Vater macht Euch ein Geschenk damit.

HARPAGON: Ich?

CLÉANTE: Nicht wahr, Vater, Ihr wollt, daß das Fräulein ihn Euch zuliebe behalte?

HARPAGON *(leise zu seinem Sohn)*: Was?

CLÉANTE *(zu Marianen)*: Da ist nichts zu besinnen. Er macht ein Zeichen, daß ich Euch bitten soll, ihn anzunehmen.

MARIANE: Ich will aber doch nicht …

CLÉANTE *(zu Marianen)*: Ihr scherzt wohl? Es fällt ihm nicht ein, ihn wiederzunehmen.

HARPAGON *(beiseite)*: Das ist ja um des Teufels zu werden!
MARIANE: Das wäre …
CLÉANTE *(der Marianen immer verhindert, den Ring zurückzugeben)*: Nein, sage ich Euch; Ihr würdet ihn kränken.
MARIANE: Ich bitte …
CLÉANTE: In keinem Fall!
HARPAGON *(beiseite)*: Daß ihn doch die Pest …
CLÉANTE: Seht nur, er wird schon ungehalten über Eure Weigerung.
HARPAGON *(leise zu seinem Sohn)*: Halunke!
CLÉANTE *(zu Marianen)*: Ihr werdet ihn zur Verzweiflung bringen!
HARPAGON *(leise zu seinem Sohn, dem er droht)*: Schurke!
CLÉANTE: Vater, es ist nicht meine Schuld. Ich dringe in sie, soviel ich kann, daß sie den Ring behalte: aber sie ist unerbittlich.
HARPAGON *(leise und drohend)*: Galgenstrick!
CLÉANTE *(zu Marianen)*: Ihr habt es auf dem Gewissen, mein Fräulein, daß mein Vater mit mir zankt.
HARPAGON *(leise zu Cléante mit demselben Spiel)*: Bösewicht!
CLÉANTE: Ihr werdet ihn noch krank machen: ich bitte Euch um alles, mein Fräulein, weigert Euch doch nicht länger!
FROSINE: Mein Gott, was für Umstände! Behaltet doch den Ring, wenn der gnädige Herr es durchaus will!
MARIANE: Um Euch nicht zu erzürnen, behalte ich ihn jetzt und werde ihn Euch zu gelegner Zeit wieder zurückgeben.

Dreizehnte Szene

HARPAGON. MARIANE. ELISE. CLÉANTE. VALÈRE. FROSINE. BRIND'AVOINE

BRIND'AVOINE: Gnädiger Herr, es ist jemand da, der Euch sprechen will.
HARPAGON: Sag ihm, ich sei verhindert; er soll ein andermal wiederkommen.
BRIND'AVOINE: Er bringt Euch Geld, sagt er.

HARPAGON *(zu Marianen)*: Ich bitte um Vergebung, gleich werde ich wieder da sein.

Vierzehnte Szene

HARPAGON. MARIANE. ELISE. CLÉANTE. VALÈRE. FROSINE. LA MERLUCHE

LA MERLUCHE *(läuft herein und stößt Harpagon, daß er hinfällt)*: Gnädiger Herr ...
HARPAGON: Au! Ich bin des Todes!
CLÉANTE: Was ist's, Vater? Habt Ihr Euch auch Schaden getan?
HARPAGON: Der Schurke war gewiß von meinen Schuldnern bestochen worden, damit er mir das Genick brechen sollte!
VALÈRE *(zu Harpagon)*: Es wird nichts zu sagen haben.
LA MERLUCHE *(zu Harpagon)*: Gnädiger Herr, ich bitte um Verzeihung, ich dachte es recht gut zu machen, wenn ich so schnell liefe.
HARPAGON: Was wolltest du denn hier, du Esel?
LA MERLUCHE: Ich wollte Euch nur sagen, daß beide Pferde ihre Eisen verloren haben.
HARPAGON: Nun, so führe sie gleich zum Schmied.
CLÉANTE: Bis sie beschlagen werden, will ich statt Eurer den Wirt machen, Vater, und das Fräulein in den Garten führen, wo man die Erfrischungen auftragen soll.

Fünfzehnte Szene

HARPAGON. VALÈRE

HARPAGON: Valère, habe ein Auge auf das alles, ich bitte dich, und rette mir soviel du kannst; ich will es dem Kaufmann wiederschicken.
VALÈRE: Schon gut.
HARPAGON: O du ungeratener Sohn! Willst du mich denn zugrunde richten?

Vierter Akt

Erste Szene

CLÉANTE. MARIANE. ELISE. FROSINE

CLÉANTE: Wir sind hier viel sichrer; kommt nur alle hier herein. Hier stört uns niemand, und wir können frei sprechen.
ELISE: Ja, liebes Fräulein, mein Bruder hat mir anvertraut, daß er Euch liebt. Ich weiß, was es sagen will, seine liebsten Wünsche so durchkreuzt zu sehn, und bitte Euch überzeugt zu sein, daß ich den lebhaftesten Anteil an Eurem Schicksal nehme.
MARIANE: Es ist mir ein süßer Trost zu wissen, daß ein Wesen wie Ihr sich meiner annimmt; und ich beschwöre Euch, mein Fräulein, mir stets Eure großmütige Freundschaft zu erhalten, die mein Mißgeschick so sehr zu lindern vermag.
FROSINE: Es war, meiner Treu, ein wahres Unglück für Euch, daß Ihr mich nicht schon früher in Euer Geheimnis gezogen habt. Ich hätte alle diese Widerwärtigkeiten abgewendet und die Sache nicht so weit kommen lassen.
CLÉANTE: Was hilft's! Mein Unstern hat's so gewollt. Aber zu was entschließt Ihr Euch, meine teure Mariane?
MARIANE: Ach, steht es denn in meiner Macht, einen Entschluß zu fassen? In meiner Abhängigkeit kann ich ja nichts anderes tun als wünschen!
CLÉANTE: Wie! Ich habe keinen andern Beistand in Eurem Herzen als bloße Wünsche? Kein tatkräftiges Mitleid? Keine hilfreiche Güte? Keine zum Handeln entschlossene Hingebung?
MARIANE: Was kann ich Euch erwidern? Setzt Euch nur in meine Lage und sagt mir, was ich tun kann. Ratet mir; bestimmt alles! ich will mich ganz auf Euch verlassen und halte Euch für zu verständig, um etwas anderes von mir zu verlangen, als was Ehre und Anstand mir erlauben.

CLÉANTE: Ach, was bleibt mir übrig, wenn Ihr mich nur auf das verweist, was die leidigen Vorurteile einer strengen Ehre und einer peinlichen Konvenienz mir gestatten?

MARIANE: Aber wie kann ich anders? Wenn ich auch die vielen Rücksichten beiseite setzen wollte, zu denen unser Geschlecht verpflichtet ist, so bindet mich doch die zärtliche Verehrung, welche ich für meine Mutter fühle. Sie hat mich seit meiner Kindheit mit der liebevollsten Sorgfalt erzogen, und ich kann mich nicht entschließen, ihr Kummer zu bereiten. Handelt selbst; gebt Euch alle Mühe, sie für Euch zu gewinnen. Tut und sagt, was Ihr wollt, ich gebe Euch die Vollmacht; und wenn es nur darauf ankommt, daß ich mich zu Euren Gunsten ausspreche, will ich mich entschließen, ihr meine ganze Neigung für Euch zu gestehn.

CLÉANTE: Frosine, meine gute Frosine, willst du uns denn nicht helfen?

FROSINE: Ei, Kinder, was braucht Ihr da noch erst zu fragen? Von Herzen gern, – wenn ich nur könnte! Ihr alle wißt, ich bin von Natur eine mitleidige Seele. Der Himmel hat mir kein eisernes Herz geschaffen, und es ist mir ja immer ein Hauptvergnügen, den Leuten meine kleinen Dienste zu leisten, wenn ich sehe, daß sie sich einander in allen Ehren gut sind. Was wäre denn dabei zu tun?

CLÉANTE: Denk ein wenig nach, ich bitte dich.

MARIANE: Zeige uns eine Aussicht!

ELISE: Erfinde ein Mittel, um den Knoten wieder zu lösen, den du geschürzt hast.

FROSINE: Das ist nicht so leicht! *(Zu Marianen)* Wenn es nur auf Eure Mutter ankäme, – die ließe schon mit sich reden, und man könnte sie vielleicht dahin bringen, das Geschenk, das sie dem Vater zugedacht hat, auf den Sohn zu übertragen. *(Zu Cléanten)* Die Hauptschwierigkeit bleibt, daß Euer Vater Euer Vater ist.

CLÉANTE: Das ist klar!

FROSINE: Ich meine, er wird es nie verzeihen, wenn man ihm einen Korb gibt, und wird nachher wenig Lust haben, in Eure Heirat zu willigen. Man müßte es daher so abkarten, daß er selbst sein Wort zurücknimmt, und ihm auf irgendeine Weise einen Widerwillen gegen das Fräulein beibringen.

CLÉANTE: Da hast du recht.

FROSINE: Freilich habe ich recht, das weiß ich wohl; so müßte man's angreifen; aber wie zum Henker soll man die Mittel finden? – Still! – Wenn wir eine nicht mehr ganz junge Frau auftreiben könnten, die ein Talent hätte wie ich und die gut genug Komödie spielte, um eine Dame von Stand vorzustellen? Wir könnten sie schon in aller Eile gehörig herausstaffieren und sie mit einem recht fremd klingenden Namen als eine Marquise oder Vicomtesse etwa aus der Bretagne auftreten lassen: ich würde es dann schon klug einfädeln und Eurem Vater weismachen, es sei eine reiche Person, die außer ihren Häusern noch hunderttausend Taler bar hätte, sterblich in ihn verliebt wäre und keinen andern Wunsch hätte, als seine Frau zu werden und ihm ihr ganzes Vermögen im Ehekontrakt zu verschreiben; dann zweifle ich nicht, daß er auf einen solchen Vorschlag eingehn würde. Denn er liebt Euch zwar, das weiß ich; aber sein Geld liebt er doch noch mehr; und wenn er, durch solch einen Köder verblendet, nur erst auf Euch verzichtet hätte, so wäre nachher nichts daran gelegen, daß ihm die Augen aufgingen und er erführe, wie es mit dem Kapital unsrer Marquise beschaffen wäre.

CLÉANTE: Das alles ist sehr gut ausgedacht.

FROSINE: Laßt mich nur machen. Mir fällt eben eine gute Freundin ein, die ganz für die Rolle paßt.

CLÉANTE: Wenn dir's gelingt, Frosine, so rechne auf meine Dankbarkeit, Aber vor allem, liebste Mariane, laßt uns versuchen, Eure Mutter zu gewinnen; es ist schon viel erreicht, wenn wir diese Heirat rückgängig machen. Tut dazu eurerseits, ich beschwöre Euch, was Ihr irgend könnt; ihre mütterliche Zärtlichkeit wird Euch Gewalt über sie geben. Ruft ohne Bedenken alle beredsame Anmut, allen unwidersteh-

lichen Reiz zu Hilfe, die der Himmel Euren Augen und Euren Lippen verliehn hat, und vergeßt ja keins jener zärtlichen Worte, keine jener sanften Bitten und jener rührenden Liebkosungen, denen niemand etwas abschlagen kann.
MARIANE: Ich werde tun, was ich vermag, und nichts vergessen.

Zweite Szene

HARPAGON. CLÉANTE. MARIANE. ELISE. FROSINE

HARPAGON *(beiseite, ohne bemerkt zu werden)*: Oho! mein Sohn küßt seiner künftigen Stiefmutter die Hand, und seine künftige Stiefmutter läßt sich's ganz ruhig gefallen! Sollte dahinter wohl etwas stecken?
ELISE: Da kommt unser Vater.
HARPAGON: Der Wagen ist angespannt, und Ihr könnt fahren, wenn es Euch beliebt.
CLÉANTE: Da Ihr nicht mitgeht, Vater, so will ich sie begleiten.
HARPAGON: Nein, bleib hier; sie werden schon ohne dich fertig werden, und ich habe mit dir zu sprechen.

Dritte Szene

HARPAGON. CLÉANTE

HARPAGON: Nun also, abgesehn von deiner Stellung zu einer Stiefmutter, laß einmal hören, was du von dem Mädchen denkst?
CLÉANTE: Was ich von ihr denke?
HARPAGON: Ja, von ihrem Wesen, ihrer Figur, ihrer Schönheit, ihrem Verstande?
CLÉANTE: Oh, so, so!
HARPAGON: Ei! –
CLÉANTE: Wenn ich offen gestehn soll, ich habe nicht in ihr gefunden, was ich mir erwartet hatte. Ihr Wesen ist das einer

Erzkokette, – ihre Haltung ist sehr linkisch, ihre Schönheit höchst mittelmäßig und ihr Verstand ein ganz alltäglicher. Glaubt ja nicht, Vater, daß ich das sage, um sie Euch zu verleiden; denn Stiefmutter bleibt Stiefmutter, und da ist diese mir am Ende ebenso lieb wie eine andre.

HARPAGON: Du sagtest ihr aber doch vorher ...

CLÉANTE: Nun ja, ich sagte ihr einige Schmeicheleien in Eurem Namen; aber das tat ich Euch zu Gefallen.

HARPAGON: Daraus entnehme ich also, daß du wirklich gar keine Neigung für sie hast?

CLÉANTE: Ich? – ganz und gar keine!

HARPAGON: Tut mir leid, denn es verdirbt mir einen Plan, der mir eingefallen war. Ich stellte, während sie hier war, einige Betrachtungen über mein Alter an und überlegte mir, die Leute könnten vielleicht Glossen machen, wenn ich ein so junges Mädchen zur Frau nähme. Diese Gedanken brachten mich so weit, den ganzen Plan aufzugeben; und da ich doch einmal um sie angehalten habe und mein Wort nicht zurücknehmen darf, hätte ich sie dir gegeben, wenn du mir nicht eben deine Abneigung gegen sie ausgesprochen hättest.

CLÉANTE: Mir? –

HARPAGON: Ja, dir.

CLÉANTE: Zur Frau?

HARPAGON: Versteht sich, zur Frau.

CLÉANTE: Hört, Vater: sie ist zwar nicht allzusehr nach meinem Geschmack; aber um Euch gefällig zu sein, würde ich sie heiraten, wenn Ihr's wünscht.

HARPAGON: Ich bin viel traktabler, als du denkst, und ich will deiner Neigung keine Gewalt antun.

CLÉANTE: O verzeiht; Euch zuliebe will ich mich darein fügen.

HARPAGON: Nein, nein. Eine Heirat kann nicht glücklich sein, wenn sie ohne Neigung geschlossen wird.

CLÉANTE: Die wird sich vielleicht nachher finden, Vater, denn man sagt ja, daß sehr oft die Liebe eine Frucht der Ehe ist.

HARPAGON: Nein. Ein Mann darf einen solchen Versuch nicht

riskieren; er könnte verdrießliche Folgen haben, denen ich mich in keinem Fall aussetzen möchte. Ja, wenn du einige Neigung für sie gehabt hättest, dann wäre es etwas anderes gewesen; dann hättest du sie in Gottes Namen statt meiner heiraten können. Da das nun aber nicht der Fall ist, so werde ich auf meinen ersten Vorsatz zurückkommen und sie selbst heiraten.

CLÉANTE: Nun wohl, Vater; weil die Sache denn so steht, will ich aufrichtig sprechen und Euch mein Geheimnis offenbaren. Die Wahrheit ist, daß ich sie liebe seit dem Tage, an welchem ich ihr zum erstenmal auf der Promenade begegnet bin; daß es schon längst meine Absicht war, sie mir von Euch zur Frau zu erbitten, und daß nichts mich davon zurückgehalten hat als die Erklärung Eurer Gesinnungen für sie und die Furcht, Euch zu mißfallen.

HARPAGON: Hast du sie schon besucht?

CLÉANTE: Ja, Vater.

HARPAGON: Oft?

CLÉANTE: Ziemlich oft für die kurze Zeit.

HARPAGON: Hat man dich gut aufgenommen?

CLÉANTE: Sehr gut, aber ohne zu wissen, wer ich war; und deshalb war Mariane so überrascht, als sie mich sah.

HARPAGON: Hast du ihr deine Leidenschaft und zugleich deine Absicht, sie zu heiraten, erklärt?

CLÉANTE: Allerdings. Auch gegen die Mutter habe ich etwas davon merken lassen.

HARPAGON: Ging sie auf deinen Antrag ein?

CLÉANTE: O ja; sie schien mir ganz geneigt.

HARPAGON: Und die Tochter erwidert deine Liebe? –

CLÉANTE: Wenn ich dem Anschein trauen darf, so glaube ich, Vater, daß sie mir ziemlich wohl will.

HARPAGON (*beiseite*): Es ist mir recht lieb, daß ich hinter dies Geheimnis gekommen bin; das war gerade, was ich wollte. (*Laut*) Hört, mein Herr Sohn, wollt Ihr also jetzt wissen, woran Ihr Euch zu halten habt? – Ihr werdet so gut sein, Euch

Eure Liebesgedanken aus dem Kopf zu schlagen, alle Eure Bemühungen um ein Mädchen, das ich für mich behalten will, aufzugeben und in Kürze die Dame zu heiraten, die ich für Euch ausgesucht habe.

CLÉANTE: So also treibt Ihr Euer Spiel mit mir, Vater? – Nun gut; da es einmal so weit gekommen ist, erkläre ich Euch meinerseits, daß ich meine Leidenschaft für Mariane nicht aufgeben werde; daß ich nicht vor dem Äußersten zurückschrecken will, um Euch Eure Eroberung zu entreißen; und daß, wenn Ihr die Mutter auf Eurer Seite habt, ich vielleicht andere Verbündete finde, die für mich kämpfen.

HARPAGON: Wie, du Galgenstrick, du hast die Frechheit, mir ins Gehege zu gehn?

CLÉANTE: Umgekehrt! Ihr geht mir in das meinige, und ich habe das Vorrecht, hier der erste gewesen zu sein.

HARPAGON: Bin ich nicht dein Vater? und mußt du nicht Respekt vor mir haben?

CLÉANTE: In solchen Dingen brauchen Kinder den Eltern nicht nachzustehn; und die Liebe erkennt keine Gewalt über sich.

HARPAGON: Ich werde dich mit meinem Stock nach mir fragen lehren!

CLÉANTE: Ich fürchte mich nicht vor Euren Drohungen.

HARPAGON: Du entsagst Marianen!

CLÉANTE: Nun und nimmer!

HARPAGON: Meinen Stock her! Meinen Stock! –

Vierte Szene

HARPAGON. CLÉANTE. JACQUES

JACQUES: Ei, ei, ei, mein gnädiger Herr, was soll das bedeuten? Wo denkt Ihr hin? –

CLÉANTE: 's ist zum Lachen! –

JACQUES (*zu Cléante*): Ei, nicht so wild, Herr Cléante! –

HARPAGON: So unverschämt mit mir zu reden! –

JACQUES: Aber ums Himmels willen, gnädiger Herr! –
CLÉANTE: Um kein Haar breit werde ich nachgeben! –
JACQUES *(zu Cléante)*: Wie, Herr Cléante! gegen Euren Vater?
HARPAGON: Laß mich, sage ich.
JACQUES *(zu Harpagon)*: Wie, Herr Harpagon, gegen Euren Sohn? – Wenn's noch gegen mich wäre!
HARPAGON: Du sollst selbst über die Sache urteilen, Meister Jacques, und einsehn, wie sehr ich in meinem Recht bin.
JACQUES: Das will ich. *(Zu Cléante)* Tretet ein wenig auf die Seite!
HARPAGON: Ich liebe ein Mädchen, das ich heiraten will; und der Galgenstrick da hat die Frechheit, sie auch zu lieben, und will trotz meines Befehls nicht von ihr lassen.
JACQUES: Ei, da hat er unrecht.
HARPAGON: Ist denn das nicht unerhört? Ein Sohn, der gegen seinen Vater in die Schranken treten will? Und muß er mir nicht aus schuldigem Respekt freiwillig das Feld räumen? –
JACQUES: Ihr habt recht. Laßt mich nur mit ihm reden und bleibt da.
CLÉANTE *(zu Jacques, der sich ihm genähert hat)*: Nun gut, weil er dich zum Schiedsrichter gewählt hat, so habe ich nichts dagegen; mir ist jeder recht, wer's auch sei, und du sollst entscheiden, Meister Jacques.
JACQUES: Ihr erweist mir eine große Ehre, Herr Cléante.
CLÉANTE: Ich bin sterblich in ein junges Mädchen verliebt, das mir gleichfalls gewogen ist und meine Erklärung liebreich aufgenommen hat. Nun fällt es meinem Vater ein, unsre Liebe zu stören und selbst um sie anzuhalten.
JACQUES: Da hat er unrecht; das muß jeder einsehn.
CLÉANTE: Schämt er sich nicht, in seinem Alter noch an eine Heirat zu denken? Schickt sich's für ihn, noch verliebt sein zu wollen? Sollte er das nicht uns jungen Leuten überlassen?
JACQUES: Ihr habt recht; er ist wohl nicht gescheit. Laßt mich nur ein paar Worte mit ihm reden. *(Zu Harpagon)* Seht, Euer Sohn ist doch nicht so wunderlich, als Ihr sagtet; er nimmt ja

Vernunft an. Er sagt, er wisse recht gut, daß er Euch Respekt schuldig sei, und wäre nur in der ersten Hitze so heftig geworden; er wolle sich Euch aber in allem unterwerfen, wenn Ihr ihn ein wenig besser behandeln und ihm irgendein Mädchen zur Frau geben wolltet, das ihm gefiele.

HARPAGON: Oh, dann sag ihm, Meister Jacques, in dem Fall habe er alles von mir zu hoffen, und Marianen ausgenommen, wolle ich ihm ganz freie Wahl lassen.

JACQUES: Das will ich schon machen. *(Zu Cléante)* Seht, Euer Vater ist ja gar nicht so unverständig wie Ihr sagt; er hat mir versichert, er sei nur über Euer Auffahren so in Zorn geraten und nur deshalb unzufrieden, weil Ihr's nicht auf die rechte Manier mit ihm anfingt. Er ist ganz geneigt, Euch alles zuzugestehn, was Ihr wünscht, wenn Ihr's nur mit Sanftmut vorträgt und ihm die Achtung und den Respekt und Gehorsam erweist, die ein Sohn seinem Vater schuldig ist.

CLÉANTE: Ach, Meister Jacques, du kannst ihm beteuern, daß, wenn er mir Marianen läßt, er den gehorsamsten aller Menschen in mir finden soll und daß ich nie das geringste gegen seinen Willen beginnen werde.

JACQUES *(zu Harpagon)*: Damit wären wir in Ordnung! Er wird alles tun, was Ihr verlangt.

HARPAGON: Das geht ja sehr gut.

JACQUES *(zu Cléante)*: Alles ist abgemacht; er ist mit Euren Versprechungen zufrieden.

CLÉANTE: Gott sei gelobt! –

JACQUES: Meine Herren, jetzt dürft Ihr nur weiter miteinander sprechen; Ihr seid beide schon einig. Ihr zanktet vorhin bloß, weil Ihr Euch nicht recht verstanden hattet.

CLÉANTE: Mein guter Meister Jacques, ich werde dir Zeit meines Lebens dafür dankbar sein.

JACQUES: Keine Ursache, Herr Cléante.

HARPAGON: Du hast mir wirklich einen Gefallen getan, mein ehrlicher Meister Jacques, und das verdient eine Belohnung. *(Harpagon greift in die Tasche, Jacques hält ihm die Hand hin,*

Harpagon aber zieht sein Schnupftuch heraus) Geh nur, ich werde dir's nicht vergessen, das versichre ich dir.

JACQUES: Ich küsse Euch die Hand, gnädiger Herr.

Fünfte Szene

HARPAGON. CLÉANTE

CLÉANTE: Ich bitte Euch um Verzeihung, Vater, wegen meiner Heftigkeit von vorhin.

HARPAGON: Es ist schon gut!

CLÉANTE: Ich versichere Euch, daß sie mir von Herzen leid ist.

HARPAGON: Und mir ist's herzlich lieb, daß du zur Vernunft gekommen bist.

CLÉANTE: Wie gütig Ihr seid, meine Fehler so bald vergessen zu haben!

HARPAGON: Man verzeiht ja seinen Kindern leicht, wenn sie zu ihrer Pflicht zurückkehren.

CLÉANTE: Und Ihr zürnt mir wirklich nicht mehr wegen aller meiner Torheiten?

HARPAGON: Das dankst du der Unterwürfigkeit und dem Respekt, mit dem du dich meinen Wünschen gefügt hast.

CLÉANTE: Ich verspreche Euch, Vater, daß ich bis an mein Ende das Andenken an Eure Güte bewahren werde.

HARPAGON: Und ich verspreche dir, daß du alles in der Welt von mir erhalten sollst.

CLÉANTE: Ach Vater, ich bitte Euch um nichts weiter. Ich bin ja überglücklich, seit Ihr mir Marianen geschenkt habt.

HARPAGON: Was sagst du da?

CLÉANTE: Ich sage, daß ich Euch ohnehin Dank genug schuldig bin und daß mir nichts zu wünschen bleibt, nachdem Ihr die Großmut hattet, mir Marianen zu überlassen.

HARPAGON: Wer spricht denn davon, dir Marianen abzutreten?

CLÉANTE: Ihr selbst, Vater.

HARPAGON: Ich?

CLÉANTE: Nun freilich.

HARPAGON: Wie! Du hast ja eben erklärt, du wollest auf sie verzichten?

CLÉANTE: Ich, auf sie verzichten?

HARPAGON: Ja.

CLÉANTE: Nun und nimmer!

HARPAGON: Hast du nicht gesagt, du wolltest keine Ansprüche auf sie machen?

CLÉANTE: Im Gegenteil, ich bin fester als je entschlossen, sie nicht aufzugeben.

HARPAGON: Was, du Galgenstrick! fängst du noch einmal an?

CLÉANTE: Nichts wird mich davon abbringen.

HARPAGON: Warte, Halunke, warte!

CLÉANTE: Tut was Ihr wollt!

HARPAGON: Ich verbiete dir, mir je wieder unter die Augen zu treten!

CLÉANTE: Nur zu!

HARPAGON: Ich ziehe meine Hand von dir ab!

CLÉANTE: Zieht sie nur ab!

HARPAGON: Ich erkenne dich nicht länger als meinen Sohn an!

CLÉANTE: Mir gleich!

HARPAGON: Ich enterbe dich!

CLÉANTE: Wie es Euch gefällt.

HARPAGON: Und gebe dir meinen Fluch!

CLÉANTE: Behaltet Eure Gaben; ich kann sie nicht brauchen!

Sechste Szene

LA FLÈCHE. CLÉANTE

LA FLÈCHE *(kommt aus dem Garten mit einer Kassette)*: Ach, gnädiger Herr, gut, daß ich Euch finde! Kommt schnell mit mir!

CLÉANTE: Was gibt's?

LA FLÈCHE: Kommt nur mit, sage ich: wir sind geborgen!

CLÉANTE: Wieso?
LA FLÈCHE: Hier habe ich, was wir brauchen!
CLÉANTE: Was denn?
LA FLÈCHE: Den ganzen Tag habe ich danach geschielt.
CLÉANTE: Was ist es denn?
LA FLÈCHE: Der Schatz Eures Vaters, den ich erwischt habe!
CLÉANTE: Wie hast du das angefangen?
LA FLÈCHE: Ihr sollt alles erfahren: jetzt aber fort, ich höre ihn schon schreien.

Siebente Szene

HARPAGON

HARPAGON *(schon vom Garten her schreiend)*: Diebe! Diebe! Räuber! Mörder! Gerechtigkeit! O gerechter Himmel, ich bin verloren, ich bin ein geschlagner Mann, ich bin ermordet; sie haben mir den Hals umgedreht; sie haben mir mein Geld gestohlen. Wer kann's gewesen sein? Wo ist er? Wo hat er sich versteckt? Wo finde ich ihn? Wo laufe ich hin, wohin nicht? Ist er da, ist er dort? – Wer ist's? Halt! *(Zu sich selbst, indem er sich am Arm packt)* Gib mir mein Geld wieder, Spitzbube! – Ach! ich bin es selbst. Mir schwindelt, ich weiß nicht, wo ich bin, wer ich bin und was ich tue. Ach, mein liebes Geld, mein liebes Geld, mein einziger Freund! Dich haben sie mir genommen, du bist mir entführt, und mit dir habe ich meinen Stab, meinen Trost, meine Freude verloren; es ist aus mit mir, und ich habe nichts mehr auf dieser Welt zu tun. Ohne dich kann ich nicht leben; ich bin hin, ich kann nicht mehr; ich sterbe, ich bin tot, ich bin begraben. Will mich denn niemand wieder aufwecken und mir mein liebes Geld wiedergeben oder mir sagen, wer's genommen hat? Horch! Was sagt Ihr? Ach, es ist nichts. – Wer's auch gewesen ist, er muß mit großer Schlauheit die Zeit abgepaßt haben; er hat gerade den Augenblick benutzt, wo ich mit dem Halunken, meinem Sohn, sprach. Jetzt nur schnell fort: ich will die Gerichte holen; das ganze Haus soll mir auf die Folter, Mägde, Bediente, Sohn, Tochter, ich selber! – Was für ein Haufen Leute da unten zusammensteht! Da ist keiner, der mir nicht verdächtig vorkommt, jeder sieht mir aus wie ein Dieb. He! Wovon wird da gesprochen? Von meinem Räuber? Was ist das für ein Lärm dort oben? Ist mein Dieb da? Um Gottes willen, wenn einer etwas von meinem Spitzbuben weiß, soll er mir's sagen! Hat er sich nicht unter Euch versteckt? Sie sehn mich alle an und lachen. Ihr habt gewiß Euern Anteil an dem Diebstahl. Geschwind, geschwind, Kommissare her, Häscher her, Schließer, Gerichte, Daumenschrauben, Galgen und Scharfrichter her! Die ganze Welt will ich hängen lassen, und wenn ich mein Geld nicht wiederfinde, erhänge ich mich selber.

Fünfter Akt

Erste Szene

HARPAGON. DER KOMMISSAR

DER KOMMISSAR: Laßt mich nur machen, ich verstehe Gott sei Dank mein Handwerk. Es ist nicht das erstemal, daß ich mich damit befasse, Diebstählen auf die Spur zu kommen, und ich wollte nur, ich hätte soviel Säcke, jeden mit tausend Franken, als ich schon Delinquenten an den Galgen gebracht habe.

HARPAGON: Alle Behörden müssen sich von Rechts wegen der Sache annehmen; und wenn man mir mein Geld nicht wieder schafft, so fordere ich die Gerichte vor Gericht.

DER KOMMISSAR: Wir müssen alle erforderlichen Nachforschungen anstellen. Wieviel, sagtet Ihr, befand sich in der Schatulle?

HARPAGON: Zehntausend Taler, richtig gezählt.

DER KOMMISSAR: Zehntausend Taler!

HARPAGON: Zehntausend Taler!

DER KOMMISSAR: Ein namhafter Diebstahl!

HARPAGON: Keine Marter ist groß genug für die Entsetzlichkeit dieses Verbrechens; und wenn es unbestraft bleibt, wird das Heiligste nicht mehr sicher sein.

DER KOMMISSAR: Aus welchen Sorten bestand die Summe?

HARPAGON: Aus lauter guten Louisdors und vollwichtigen Pistolen.

DER KOMMISSAR: Wen habt Ihr in Verdacht?

HARPAGON: Die ganze Welt, und ich verlange, daß Ihr mir die Stadt und alle Vorstädte arretiert.

DER KOMMISSAR: Wir müssen, wenn ich Euch raten soll, die Leute nicht gleich kopfscheu machen und in der Stille einige Beweise zu erlangen suchen, um dann hernach mit aller Strenge verfahren und Euch die gestohlenen Füchse wiederschaffen zu können.

Zweite Szene

HARPAGON. DER KOMMISSAR. JACQUES

JACQUES *(im Hintergrunde; er spricht nach der Seite, von wo er gekommen ist)*:
Ich komme gleich wieder. Stecht ihn derweile ab und röstet mir die Füße; hernach steckt ihn in siedendes Wasser und hängt ihn am Deckenbalken auf.

HARPAGON *(zu Jacques)*: Wen? Meinen Dieb?

JACQUES: Was Dieb! Ich spreche von einem Spanferkel, das mir Euer Haushofmeister eben zugeschickt hat und das ich Euch auf meine Manier zubereiten will.

HARPAGON: Ach, davon ist keine Rede; der Herr hier wird dich nach ganz andern Dingen fragen.

DER KOMMISSAR: Seid ganz ruhig, mein Freund; es soll Euch nichts zuleide geschehen, und wir wollen alles in Güte abmachen.

JACQUES: Der Herr ist wohl für den Abend eingeladen? –

DER KOMMISSAR: Seht Ihr, guter Mann, Ihr müßt Eurem Herrn nichts geheimhalten.

JACQUES: Meiner Seel, ich werde zeigen, was ich vermag; verlaßt Euch darauf, Ihr sollt mit meiner Kunst zufrieden sein.

HARPAGON: Ach, wer denkt denn daran! –

JACQUES: Wenn ich Euch nicht soviel Gutes vorsetzen kann, wie ich wünschte, so ist das die Schuld unseres Herrn Haushofmeisters, der mir mit der Schere seiner Sparsamkeit die Flügel gestutzt hat!

HARPAGON: Halunke! Hier handelt sich's um ganz andere Dinge als um unser Abendessen. Du sollst mir sagen, wo mein Geld geblieben ist, das man mir gestohlen hat!

JACQUES: Euer Geld ist Euch gestohlen?

HARPAGON: Ja, Spitzbube; und ich will dich hängen lassen, wenn du mir's nicht wiedergibst.

DER KOMMISSAR: Mein Gott, fahrt ihn doch nicht so an. Ich sehe es ihm an den Augen an, daß er ein ehrlicher Mann ist und daß er Euch alles entdecken wird, was Ihr wissen wollt, ohne daß Ihr ihn ins Gefängnis bringen laßt. Ja, mein Freund, wenn Ihr uns die Sache gesteht, soll Euch kein Haar gekrümmt werden, und Ihr erhaltet noch obendrein eine Belohnung von Eurem Herrn: Es ist ihm heute seine Schatulle gestohlen worden, und ich bin gewiß, Ihr könnt uns auf die Spur helfen.

JACQUES *(beiseite)*: Das wäre ja die schönste Gelegenheit, um mich an unserm Haushofmeister zu rächen. Seit er ins Haus kam, ist er Hahn im Korbe; unsereins wird gar nicht mehr angehört; und überdem habe ich auch noch die letzten Stockschläge auf dem Herzen.

HARPAGON: Was brummst du da in deinen Bart?

DER KOMMISSAR: Laßt ihn doch! Er macht schon Anstalt, Euch etwas zu sagen; ich wußte gleich, daß er ein ehrlicher Mensch ist.

JACQUES: Gnädiger Herr, wenn ich's Euch denn bekennen soll, so glaube ich, daß es Euer lieber Herr Haushofmeister gewesen ist, der das Stückchen aufgeführt hat.

HARPAGON: Valère?

JACQUES: Ja.

HARPAGON: Er, den ich für so treu halte?

JACQUES: Er selbst. Ich glaube ganz gewiß, er ist's gewesen.

HARPAGON: Und weshalb glaubst du das?

JACQUES: Weshalb?

HARPAGON: Ja.

JACQUES: Ich glaube es, – weil ich's glaube.

DER KOMMISSAR: Ihr müßt uns aber sagen, was für Indizien Ihr dafür habt.

HARPAGON: Hast du ihn um die Stelle herumschleichen sehen, wo ich mein Geld versteckt hatte?

JACQUES: Ja freilich. Wo hattet Ihr denn Euer Geld?

HARPAGON: Im Garten.

JACQUES: Richtig. Im Garten habe ich ihn herumschleichen sehen. Und worin lag Euer Geld?

HARPAGON: In einer Schatulle.

JACQUES: Da haben wir's! Mit einer Schatulle habe ich ihn gesehen.
HARPAGON: Und die Schatulle, wie sah sie aus? Ich werde gleich hören, ob es die meinige war.
JACQUES: Wie sie aussah?
HARPAGON: Ja.
JACQUES: Sie sah aus, – nun, sie sah aus wie eine Schatulle.
DER KOMMISSAR: Das versteht sich. Aber beschreibt sie doch ein wenig, damit wir uns überzeugen können.
JACQUES: Es war eine ziemlich große Schatulle.
HARPAGON: Die man mir gestohlen hat, ist klein.
JACQUES: Ei nun ja, sie ist klein, wenn man's so nehmen will. Ich nenne sie nur groß, weil so viel darin ist.
DER KOMMISSAR: Was für eine Farbe hat sie?
JACQUES: Was für eine Farbe?
DER KOMMISSAR: Ja doch!
JACQUES: Sie hat eine Farbe, – so eine gewisse Farbe … könnt Ihr mich nicht drauf bringen?
HARPAGON: Eh!
JACQUES: Ist sie nicht rot?
HARPAGON: Nein, grau.
JACQUES: Ach ja! Rotgrau; das wollte ich auch sagen.
HARPAGON: Es ist kein Zweifel, sie muß es sein. Schreibt, Herr Kommissar, schreibt seine Aussagen nieder. Himmel, wem soll man nun noch trauen? – Man kann auf nichts mehr schwören, und nach dieser Geschichte glaube ich, ich wäre imstande, mich selbst zu bestehlen.
JACQUES: Gnädiger Herr, da kommt er eben wieder. Aber sagt ihm ja nicht, daß ich's Euch verraten habe.

Dritte Szene

HARPAGON. DER KOMMISSAR. VALÈRE. JACQUES

HARPAGON: Komm her und bekenne die schwärzeste Schandtat, das abscheulichste Attentat, das je begangen worden ist.

VALÈRE: Was meint Ihr, gnädiger Herr?

HARPAGON: Wie, Bösewicht, du errötest nicht über dein Verbrechen?

VALÈRE: Von welchem Verbrechen sprecht Ihr?

HARPAGON: Von welchem Verbrechen ich spreche, Scheusal? – Versuche nur nicht, dich herauszureden; die Sache ist entdeckt, und ich weiß alles. So mißbrauchst du meine Güte! – Schleichst dich bei mir ein, um mich zu verraten und mir einen solchen Streich zu spielen!

VALÈRE: Da man Euch alles entdeckt hat, mein Herr, will ich keine Ausflüchte machen und die Sache nicht länger leugnen.

JACQUES *(beiseite)*: Oho! Sollte ich's wohl, ohne daran zu denken, richtig erraten haben?

VALÈRE: Ich hatte mir schon vorgenommen, mit Euch darüber zu reden, und wollte nur eine gelegene Zeit abwarten. Aber weil es nun einmal so weit gekommen ist, beschwöre ich Euch, gelassen zu bleiben und meine Gründe anhören zu wollen.

HARPAGON: Was für saubere Gründe kannst du denn noch anführen, du ehrloser Spitzbube?

VALÈRE: Oh, mein Herr, den Namen habe ich nicht verdient. Ich gestehe, daß ich mich gegen Euch vergangen habe; aber mit alledem ist mein Fehler doch verzeihlich.

HARPAGON: Wie, verzeihlich? Ein solcher Verrat? Ein so überlegter Raub?

VALÈRE: Ich bitte Euch, ereifert Euch nicht. Wenn Ihr mich nur erst angehört habt, werdet Ihr sehen, daß die Sache nicht so schlimm ist, wie Ihr glaubt.

HARPAGON: Nicht so schlimm wie ich glaube! Was, du Galgenstrick, mein Herzblut, mein Liebstes auf der Welt?

VALÈRE: Euer Blut, Herr Harpagon, ist nicht in schlechte Hände geraten. Ich werde ihm keine Schande bringen; und es ist überhaupt nichts geschehen, was ich nicht wieder gutmachen könnte.

HARPAGON: Das bitte ich mir auch aus! Du sollst mir wiedergeben, was du mir entwendet hast.

VALÈRE: Eurer Ehre soll vollkommen Genüge geschehen.

HARPAGON: Von Ehre ist ja hier nicht die Rede! Aber sage mir, was in der Welt hat dich zu der Tat bewogen?

VALÈRE: Ach, könnt Ihr noch fragen?

HARPAGON: Ja freilich frage ich dich.

VALÈRE: Eine Gottheit, die immer entschuldigt, wozu sie uns angestiftet hat, – die Liebe.

HARPAGON Die Liebe?

VALÈRE: Ja.

HARPAGON: Schöne Liebe, schöne Liebe, meiner Treu! Die Liebe zu meinen Louisdors!

VALÈRE: Nein, mein Herr, Euer Reichtum hat mich nicht verlockt; durch ihn ward ich nicht geblendet; und ich beteure Euch, daß ich mit Freuden auf alle Eure Güter verzichten will, wenn Ihr mir nur laßt, was ich habe.

HARPAGON: Den Teufel auch lasse ich's dir! Nichts lasse ich. Aber da sehe mir einer die Unverschämtheit. Er will das gestohlene Gut behalten!

VALÈRE: Nennt Ihr das einen Diebstahl?

HARPAGON: Ob ich's einen Diebstahl nenne? Einen solchen Schatz?

VALÈRE: Es ist ein Schatz, das ist wahr, und gewiß der kostbarste, den Ihr besitzt; aber Ihr verliert ihn ja nicht, wenn Ihr ihn mir laßt. Ich bitte Euch fußfällig um diesen reizenden Schatz; Ihr tätet gewiß am besten, ihn mir freiwillig zu gewähren.

HARPAGON: Nun und nimmer! Was soll das bloß heißen?

VALÈRE: Wir haben uns gegenseitig Treue geschworen und versprochen, einander nie zu verlassen.

HARPAGON: Das ist ja ein kostbarer Schwur und ein wundervolles Versprechen!

VALÈRE: Ja, wir haben uns gelobt, uns auf ewig anzugehören.
HARPAGON: Das wollen wir doch erstmal sehen; ich werde Euch schon auseinander bringen!
VALÈRE: Nur der Tod kann uns scheiden!
HARPAGON: Der Mensch ist ja ganz verteufelt in mein Geld verliebt!
VALÈRE: Ich habe Euch schon gesagt, Herr Harpagon, daß kein Eigennutz mich verleitet hat. Es sind nicht die Beweggründe, die Ihr mir zutraut, die mich dazu getrieben haben; mein Entschluß ist aus einer edleren Eingebung hervorgegangen.
HARPAGON: Er wird mir am Ende wahrhaftig noch beweisen, es sei aus christlicher Liebe geschehen. Aber ich werde schon Rat schaffen, und die Obrigkeit, du unverschämter Galgenstrick, wird mir zu meinem Recht verhelfen.
VALÈRE: Ihr mögt tun, was Euch beliebt, und ich bin bereit, alles über mich ergehen zu lassen. Aber das eine bitte ich Euch zu glauben, daß, wenn ein Unrecht begangen ist, nur ich der Schuldige bin und daß Eure Tochter keinen Teil daran hat.
HARPAGON: Das fehlte auch wahrhaftig noch! Wie käme denn auch meine Tochter dazu, die Mitschuldige eines so greulichen Verbrechens zu sein? – Aber ich will mein Eigentum wieder haben, und Du sollst mir gestehen, wohin du sie entführt hast?
VALÈRE: Ich? Ich habe sie nicht entführt; sie ist noch in Eurem Hause.
HARPAGON *(beiseite)*: O meine liebe Schatulle! – Wie, sie ist gar nicht aus meinem Hause gekommen? –
VALÈRE: Nein, Herr Harpagon.
HARPAGON: Ach, sag mir doch gleich: Hast du sie noch nicht berührt?
VALÈRE: Ich, sie berührt? – Oh, Ihr tut uns beiden das größte Unrecht! Es ist die reinste und ehrerbietigste Liebe, von der ich für sie glühe.
HARPAGON *(beiseite)*: Er glüht für meine Schatulle? –

VALÈRE: Ich würde ja lieber sterben, als einen beleidigenden Gedanken gegen sie äußern. Dazu ist sie zu gut, zu rechtschaffen.

HARPAGON *(beiseite)*: Meine Schatulle zu rechtschaffen?

VALÈRE: Alle meine Wünsche haben sich darauf beschränkt, mich an ihrem Anblick zu weiden, und nichts Strafbares hat die Leidenschaft entweiht, die ihre schönen Augen in mir entzündet haben.

HARPAGON *(beiseite)*: Die schönen Augen meiner Schatulle? – Er spricht weiß Gott von ihr, wie ein Liebhaber von seiner Geliebten!

VALÈRE: Frau Claude, Herr Harpagon, weiß den ganzen Hergang und kann Euch bezeugen …

HARPAGON: Was? Meine Haushälterin ist auch dabei beteiligt?

VALÈRE: Ja, Herr Harpagon: sie war Zeuge unserer Verlobung; und nachdem sie die Redlichkeit meiner Absichten erkannt, half sie mir, Eure Tochter zu überreden, daß sie mir ihre Treue gelobte und mein Versprechen empfing.

HARPAGON *(beiseite)*: Was Teufel! Hat die Furcht vor der Justiz ihm den Kopf verrückt? – *(Laut)* Was faselst du dazwischen von meiner Tochter?

VALÈRE: Ich sage, Herr Harpagon, daß ich alle Mühe gehabt habe, ihre Bedenklichkeit dahin zu bringen, daß sie meiner Liebe Gehör gab.

HARPAGON: Wessen Bedenklichkeit?

VALÈRE: Eurer Tochter; und erst gestern hat sie sich entschließen wollen, ein gegenseitiges Heiratsversprechen mit mir zu unterzeichnen.

HARPAGON: Meine Tochter hat dir ein Heiratsversprechen unterschrieben?

VALÈRE: Ja, Herr Harpagon, wie ich ihr denn meinerseits gleichfalls eins ausgestellt habe.

HARPAGON: O Himmel! Welch ein neues Unglück!

JACQUES: Schreibt, Herr Kommissar, schreibt! –

HARPAGON: Neues Elend! Schmach über Schmach! *(Zum Kom-*

missar) Geschwind, mein Herr. Tut, was Eures Amtes ist: schreibt ihn ins Protokoll als Dieb und als Mädchenräuber.

JACQUES: Als Dieb und als Mädchenräuber.

VALÈRE: Das sind Namen, die mir nicht zukommen; und wenn Ihr hören werdet, wer ich bin ...

Vierte Szene

HARPAGON. ELISE. MARIANE. VALÈRE. FROSINE.
JACQUES. DER KOMMISSAR

HARPAGON: O du entartete Tochter, die einen Vater wie mich gar nicht verdient! – So also befolgst du die Lehren, die ich dir gegeben habe? Verliebst dich in einen ehrlosen Dieb und versprichst ihm deine Hand ohne meine Zustimmung? Aber Ihr sollt Euch beide verrechnet haben. *(Zu Elise)* Vier feste Mauern sollen mir für deine Aufführung bürgen, *(zu Valère)* und ein tüchtiger Galgen wird mich für deine Frechheit rächen!

VALÈRE: Euer Zorn wird in dieser Sache nicht das Urteil sprechen; und wenigstens werde ich doch gehört werden, ehe man mich verurteilt.

HARPAGON: Ich versprach mich, als ich den Galgen nannte: lebendig gerädert sollst du werden.

ELISE *(zu Harpagons Füßen)*: Ach, teurer Vater, seid doch menschlicher, ich beschwöre Euch, und treibt Eure väterliche Gewalt nicht aufs Äußerste. Laßt Euch nicht von der ersten Aufregung Eures Zorns hinreißen und nehmt Euch etwas Zeit, ehe Ihr beschließt, was Ihr tun wollt. Gebt Euch die Mühe, den, von dem Ihr Euch beleidigt glaubt, besser kennenzulernen; er ist ein ganz anderer, als für den Ihr ihn haltet; und es wird Euch weniger befremdlich dünken, daß ich ihm meine Hand zugesagt habe, wenn Ihr hören werdet, daß Ihr mich ohne ihn schon längst verloren haben würdet. Ja, bester Vater, er war's, der mich einst aus der großen Gefahr rettete, – der mich aus dem Wasser zog und dem Ihr das Leben Eurer Tochter zu danken habt ...

HARPAGON: Das alles ist nichts. Es wäre viel besser für mich, er hätte dich ertrinken lassen, als daß er mir das getan! ...

ELISE: Ach, mein Vater, bei Eurer väterlichen Liebe beschwöre ich Euch ...

HARPAGON: Nichts da! Ich will nichts hören, und die Gerechtigkeit soll ihren Lauf nehmen.

JACQUES *(beiseite)*: Du sollst mir deine Stockschläge bezahlen!

FROSINE *(beiseite)*: Welch seltsame Verwirrung! –

Fünfte Szene

ANSELME. HARPAGON. ELISE. MARIANE. FROSINE. VALÈRE.
DER KOMMISSAR. JACQUES

ANSELME: Was habt Ihr vor, Herr Harpagon? Ihr seid ja ganz außer Euch!

HARPAGON: Ach, Herr Anselme, ich bin der unglücklichste Mensch auf Erden; und mit dem Kontrakt, den Ihr schließen wollt, sieht es noch sehr verwirrt und weitläufig aus. Man greift mein Geld, man greift meine Ehre an; hier steht der Verräter, der Bösewicht, der die allerheiligsten Pflichten mit Füßen tritt. Er hat sich unter dem Namen eines Dieners in mein Haus eingeschlichen, um mir mein Geld zu stehlen und meine Tochter zu verführen.

VALÈRE: Wer denkt denn an Euer Geld, von dem Ihr mir immer vorschwatzt?

HARPAGON: Ja, sie haben einander die Ehe versprochen: der Schimpf fällt zunächst auf Euch zurück, Herr Anselme, und an Euch ist es jetzt, gegen ihn klagbar zu werden und eine gerichtliche Untersuchung einzuleiten, um Euch an dem Unverschämten zu rächen.

ANSELME: Es ist nie meine Absicht gewesen, eine Heirat durch Zwang zustande zu bringen und Anspruch auf ein Herz zu machen, das sich schon verschenkt hat. Was aber Euer Interesse betrifft, so bin ich bereit, es zu wahren, als ob es mein eignes wäre.

HARPAGON: Hier ist ein wackerer Kommissar, der mir versprochen hat, nichts zu vergessen, was seines Amtes ist. *(Zum Kommissar)* Setzt ihm recht scharf zu, mein Herr, und stellt sein Verbrechen ins grellste Licht.

VALÈRE: Ich begreife nicht, wie man aus meiner Liebe zu Eurer Tochter ein Verbrechen machen will, noch wie ich wegen unserer Verlobung bestraft werden könne, wenn man erfahren wird, wer ich bin …

HARPAGON: Über solche Märchen lache ich nur. Es wimmelt jetzt allenthalben von solchen sogenannten Adligen, solchen Schwindlern, die es benutzen, daß niemand ihre obskure Herkunft kennt, und sich frecherweise mit dem ersten besten berühmten Namen ein Ansehen geben.

VALÈRE: So laßt Euch gesagt sein, daß ich zu stolz bin, mich mit erborgten Federn zu schmücken, und daß ganz Neapel Euch bezeugen kann, welcher Familie ich angehöre.

ANSELME: Sachte, sachte! Bedenkt, was Ihr sagen wollt. Ihr wagt hier mehr, als Ihr Euch vielleicht vorstellt; Ihr habt einen Mann vor Euch, der ganz Neapel kennt und der Eure Erzählung sehr bald durchschauen wird.

VALÈRE *(setzt trotzig seinen Hut auf)*: Ich habe niemand zu scheuen; und wenn Ihr Neapel kennt, werdet Ihr wissen, wer Don Thomas d'Alburci war.

ANSELME: Das weiß ich allerdings, und es haben ihn wenig Menschen besser gekannt als ich.

HARPAGON: Ich frage den Henker weder nach Don Thomas, noch nach Don Martin.

(Er sieht, daß zwei Lichter brennen, und bläst eins aus)

ANSELME: Ich bitte Euch, laßt ihn ausreden; wir wollen doch sehen, was er über ihn vorbringen wird.

VALÈRE: Nur das eine, daß er mein Vater ist.

ANSELME: Er? –

VALÈRE: Ja.
ANSELME: Geht, Ihr wollt uns zum besten haben. Denkt Euch eine andere Erfindung aus, mit der Ihr besser bestehen könnt, und gebt es auf, Euch mit dieser Fabel zu retten.
VALÈRE: Wählt Eure Worte vorsichtiger. Was ich sage, ist keine Fabel, und ich behaupte nichts, was ich nicht mit leichter Mühe beweisen kann.
ANSELME: Wie, Ihr wagt Euch für den Sohn des Don Thomas d'Alburci auszugeben?
VALÈRE: Ja, das wage ich und bin bereit, diese Wahrheit gegen jeden, wer's auch sei, zu verteidigen.
ANSELME: Eure Kühnheit ist unerhört! Erfahrt denn zu Eurer Beschämung, daß der Mann, von dem Ihr sprecht, vor mehr als sechzehn Jahren mit seiner Frau und seinen Kindern auf dem Meere umgekommen ist. Er wollte sich den grausamen Verfolgungen entziehen, die der neapolitanische Aufstand hervorrief und die so viele edle Familien aus der Heimat vertrieben haben.
VALÈRE: Jawohl! Erfahrt denn aber zu Eurer Beschämung dagegen, daß sein damals siebenjähriger Sohn mit einem Diener bei diesem Schiffbruch von einem spanischen Fahrzeug gerettet ward und daß ich selbst, der hier mit Euch redet, dieser gerettete Sohn bin. Erfahrt, daß der Kapitän dieses Schiffs aus Mitleid mit meinem Unglück sich freundlich meiner annahm, mich wie seinen eigenen Sohn erziehen und in Kriegsdienste treten ließ, sobald ich herangewachsen war; daß ich erst ganz vor kurzem erfuhr, mein Vater sei nicht tot, wie ich immer geglaubt hatte, – daß ich durch eine Fügung des Himmels, nachdem ich hier angekommen war, um ihn aufzusuchen, die reizende Elise kennenlernte; daß ihr Anblick mich zum Sklaven ihrer Schönheit machte und daß die Heftigkeit meiner Leidenschaft und die Strenge ihres Vaters mich zu dem Entschluß brachten, in seinem Hause Dienste zu nehmen und einem andern aufzutragen, die Nachforschungen meiner Eltern fortzusetzen.

ANSELME: Aber was für andere Zeugen, als Eure alleinige Erzählung habt Ihr, um uns zu beweisen, daß dies alles nicht eine Fabel sei, der vielleicht etwas Wahres zu Grunde liegt?

VALÈRE: Meine Zeugen sind der spanische Kapitän; ein Petschaft von Rubin, das meinem Vater gehörte; ein Armband von Achaten, das meine Mutter mir um das Handgelenk gebunden; endlich der alte Pedro, der treue Diener, der sich mit mir zugleich aus dem Schiffbruch rettete.

MARIANE: Ach! Nach dem allen kann ich verbürgen, daß dies kein Betrug ist; alles, was Ihr sagt, läßt mir keinen Zweifel, daß ihr mein Bruder seid.

VALÈRE: Ihr meine Schwester? –

MARIANE: Ja. Vom ersten Augenblick an, wo Ihr zu sprechen begannt, ergriff mich eine Rührung; unsere Mutter, die außer sich vor Freude sein wird, hat mir hundertmal das Unglück unserer Familie erzählt. Auch uns hat der Himmel in diesem furchtbaren Schiffbruch nicht untergehen lassen; aber wir mußten das Leben mit dem Verlust unserer Freiheit erkaufen; denn es waren Korsaren, die meine Mutter und mich von den Trümmern unseres gescheiterten Schiffs herabholten und aufnahmen. Nach zehnjähriger Sklaverei gab ein glücklicher Zufall uns unsere Freiheit wieder. Wir kehrten nach Neapel zurück, wo wir unsere sämtlichen Güter verkauft fanden, aber über den Aufenthalt unseres Vaters nichts erfahren konnten. Von da begaben wir uns nach Genua, wo meine Mutter noch einige Überreste einer zersplitterten Erbschaft zusammenbrachte. Die Härte und Ungerechtigkeit ihrer Verwandten vertrieb sie auch von dort; und so ist sie endlich hierher nach Paris gekommen, wo sie in Kummer und Krankheit eine freudlose Zeit verlebt hat.

ANSELME: O Himmel! Wie überraschend sind die Fügungen deiner Allmacht! Und wie zeigst du mir aufs neue, daß nur du Wunder tun kannst! – Umarmt mich, meine Kinder, und teilt Eure Freude mit der Eures Vaters!

VALÈRE: Ihr seid unser Vater? –

MARIANE: Ihr seid's, den unsere Mutter so schmerzlich beweint hat?

ANSELME: Ja, meine Tochter; ja, mein Sohn; ich bin Don Tomaso d'Alburci, den der Himmel mit aller Habe, die er bei sich trug, aus den Fluten gerettet hat und der Euch alle seit sechzehn Jahren für tot hält. Nach langen Reisen wollte ich in der Verbindung mit einem sanften und verständigen Mädchen den Trost eines neuen Familienlebens suchen. Die Gefahr, in der mein Leben noch in Neapel schwebt, hat mich bewogen, jeden Gedanken an die Rückkehr dahin aufzugeben; und nachdem mir's gelungen ist, meine dortigen Güter verkaufen zu lassen, habe ich hier eine Heimat gefunden, in der ich unter dem Namen Anselme die Verfolgungen von mir fernhalten wollte, die mein wahrer Name mir zuziehen würde.

HARPAGON *(zu Anselme)*: Das ist also Euer Sohn?

ANSELME: Ja.

HARPAGON: So halte ich mich an Euch wegen der dreißigtausend Livres, die er mir gestohlen hat.

ANSELME: Er? – Euch bestohlen? –

HARPAGON: Ja, er selbst.

VALÈRE: Wer hat Euch denn das gesagt?

HARPAGON: Jacques.

VALÈRE *(zu Jacques)*: Das hast du gesagt? –

JACQUES: Ihr seht, ich sage gar nichts.

HARPAGON: Jawohl! – Hier der Herr Kommissar hat seine Aussage zu Protokoll genommen.

VALÈRE: Könnt Ihr mich denn einer solchen Schändlichkeit fähig halten?

HARPAGON: Fähig oder nicht fähig, ich will mein Geld wiederhaben.

Sechste Szene

HARPAGON. ANSELME. ELISE. MARIANE. CLÉANTE. VALÈRE. FROSINE.
DER KOMMISSAR. JACQUES. LA FLÈCHE

CLÉANTE: Macht Euch keine Sorge, Vater, und klagt niemand an. Ich bin Eurer Sache auf die Spur gekommen und kann Euch so viel sagen, daß, wenn Ihr Euch entschließen wollt, mich Marianen heiraten zu lassen, Euer Geld Euch wieder eingehändigt werden soll.

HARPAGON: Wo hast du's?

CLÉANTE: Kümmert Euch darum nicht. Es ist sicher aufgehoben, dafür stehe ich; und alles hängt nur von mir ab. Ihr habt jetzt die Wahl und müßt mir sagen, wozu Ihr Euch entschließt; ob Ihr mir Mariane lassen oder Euer Geld verlieren wollt.

HARPAGON: Ist nichts davon weggekommen?

CLÉANTE: Nicht das mindeste. Entscheidet nun, ob Ihr gesonnen seid, unsere Heirat zuzugeben, nachdem auch Marianens Mutter ihre Einwilligung ausgesprochen hat, sie zwischen uns beiden wählen zu lassen.

MARIANE *(zu Cléante)*: Ihr wißt aber nicht, daß diese Einwilligung allein nicht hinreicht und daß der Himmel mir außer einem Bruder, den Ihr hier vor Euch seht, auch meinen Vater wieder geschenkt hat, von dem Ihr mich erbitten müßt.

ANSELME: Der Himmel, meine Kinder, hat Euch nicht wieder zu mir zurückgeführt, damit ich Euren Wünschen entgegen sein sollte. Mein Herr Harpagon, Ihr werdet wohl einsehen, daß die Wahl eines jungen Mädchens eher auf den Sohn als auf den Vater fallen wird; macht also keine Umstände, laßt Euch nicht erst sagen, was nicht nötig ist zu hören, und willigt so wie ich in diese Doppelheirat.

HARPAGON: Erst muß ich meine Schatulle sehen; die soll den Ausspruch tun.

CLÉANTE: Ihr werdet sie ganz und unversehrt wiederfinden.

HARPAGON: Ich habe aber meinen Kindern kein Geld mitzugeben.

ANSELME: Nun gut; ich habe genug für sie; das braucht Euch keine Sorge zu machen.

HARPAGON: Wollt Ihr Euch verpflichten, alle Kosten der beiden Heiraten zu tragen?

ANSELME: Die will ich übernehmen. Seid Ihr nun zufrieden?

HARPAGON: Ja; aber Ihr müßt mir auch einen neuen Anzug zur Hochzeit machen lassen.

ANSELME: Das soll geschehen. Und nun laßt uns nur an die Freude denken, die dieser glückliche Tag uns bereitet.

DER KOMMISSAR: Halt, meine Herren, halt! – Noch einen Augenblick, wenn's gefällig ist. Wer wird mir denn meine Schreiberei bezahlen?

HARPAGON: Eure Schreibereien brauchen wir jetzt nicht mehr.

DER KOMMISSAR: Ja, ich will aber doch nicht umsonst geschrieben haben.

HARPAGON *(zeigt auf Jacques)*: Macht Euch mit dem da bezahlt und laßt ihn hängen.

JACQUES: Ach, wie soll man's denn anfangen? Wenn ich die Wahrheit sage, bekomme ich Schläge, und wenn ich lüge, soll ich hängen!

ANSELME: Mein Herr Harpagon, Ihr müßt ihm seinen Betrug diesmal noch verzeihen.

HARPAGON: Ihr wollt also den Kommissar bezahlen?

ANSELME: Meinetwegen. Aber jetzt schnell zu Eurer Mutter, damit sie teil an unserer Freude nehme.

HARPAGON: Und ich zu meiner lieben Schatulle! –

ANHANG

Editorische Notiz

Wolf Heinrich Graf von Baudissin (1789–1878) übertrug neben Molière auch italienische und mittelhochdeutsche Dichtungen. Zusammen mit Dorothea Tieck arbeitete er an den Shakespeare-Übersetzungen von August Wilhelm Schlegel und Ludwig Tieck mit.

Die vorliegenden Texte sind folgender Ausgabe entnommen: Molière: Komödien. Übersetzt von Wolf Grafen Baudissin. Herausgegeben und eingeleitet von Victor Klemperer. Leipzig 1950.

Eindeutige Druck- und Satzfehler wurden korrigiert.

Daten zu Leben und Werk

1622
Jean-Baptiste Poquelin wird am 13. oder 14. Januar in Paris geboren, getauft wird er am 15. Januar in der Kirche Sainte-Eustache. Er ist das älteste von sechs Kindern eines wohlhabenden Tapetenwirkers und -händlers, der ab 1631 das Amt des »Valet de chambre, tapissier ordinaire du Roi« erwirbt.

1632
11. Mai: Tod der Mutter.

1633
Erneute Heirat des Vaters.

1636
Tod der Stiefmutter.

ca. 1636 – ca. 1640
Besuch des renommierten Jesuitenkollegs Clermont in Paris.

1637
Obwohl Schüler des Collège de Clermont leistet Jean-Baptiste Poquelin den Amtseid der Nachfolge als »Valet de chambre«.

1640
Studium der Rechte in Orléans. Poquelin erhält in Paris eine Zulassung als Anwalt, ob er den Beruf je ausgeübt hat, ist nicht bekannt.

1643
Verzicht auf die Nachfolge im Amt des Vaters zugunsten seines jüngeren Bruders Jean. Mit seiner Lebensgefährtin Madelaine Béjart, deren Geschwister und anderen Schauspielern gründet

Jean-Baptiste Poquelin die Schauspieltruppe »L'Illustre Théâtre«. Im November lernt er in Rouen die Brüder Corneille kennen.

1644
1. Januar: Eröffnung des »Illustre Théâtre« im Ballhaus Mestayers in Paris. Jean-Baptiste Poquelin zeichnet zum ersten Mal mit »de Molière« (evtl. nach einem gleichnamigen südfranzösischen Dorf).

1645
Das »Illustre Théâtre« ist pleite, Molière wird vorübergehend in Schuldhaft genommen. Mit den Geschwistern Béjart schließt er sich der Wandertruppe des Schauspielers Charles Dufresne an, als deren Direktor er bald fungiert.

1645–1658
Die Truppe tourt, u.a. unter dem Protektorat des Herzogs von Epernon und des Prince de Conti durch Frankreich, v.a. durch die Provinzen Languedoc, Provence und Lyon. In den Jahren der Wanderschaft verfasst Molière zahlreiche Stücke und bearbeitet vorwiegend italienische Farcen in der Tradition der Commedia dell' arte.

1655
In Lyon Uraufführung der Verskomödie *L'estourdy ou Les contretemps* (*Der Unbesonnene oder Zur Unzeit*).

1656
In Bézier Uraufführung von *Le dépit amoureux* (*Der Liebesverdruß*).

1658
In Rouen kommt Molière in Kontakt mit Herzog Philipp I. d'Orléans, dem jüngeren Bruder des Königs Louis XIV., der ihn nach Paris einlädt und seine Protektion verspricht. Die Truppe

spielt vor dem Hof und macht Eindruck auf den jungen König, der es ihr erlaubt, im bis 1659 auch von dem Italiener Scaramouche genutzten Théâtre du Petit-Bourbon zu spielen.

1659
Mit der Prosakomödie *Les précieuses ridicules* (*Die lächerlichen Präziösen*) feiert Molière in Paris einen ersten großen Erfolg.

1660
Uraufführung von *Sganarelle ou Le Cocu imaginaire* (*Sganarelle oder Der vermeintliche Hahnrei*). Tod von Molières Bruder Jean.

1661
Nach dem Abriss des Petit-Bourbon bekommt die Truppe um Molière nach dreimonatiger Spielpause vom König einen Saal des Palais-Royal als Spielstätte zugewiesen. Dort Uraufführung der Verskomödie *L'escole des maris* (*Die Schule der Ehemänner*). Im Park des Schlosses des Finanzministers Fouquet in Vaux Uraufführung der ersten Balletkomödie *Les Fâcheux* (*Die Plagegeister*).

1662
Molière heiratet Armande Béjart, eine jüngere Schwester oder (eher) Tochter von Madelaine Béjart. Mit *L'escole des femmes* (*Die Schule der Frauen*) feiert er einen weiteren großen Erfolg, erntet für darin vorgebrachte Kritik an der traditionellen Auffassung von ehelicher Liebe als Pflichterfüllung und aufgezwungener Treue seinerseits heftige Kritik.

1663
Uraufführung von *L'impromptu de Versailles* (*Das Impromptu von Versailles*) in Versailles. Mit der einaktigen Prosakomödie *La critique d'escole des femmes* (Kritik der Frauenschule) reagiert Molière auf die Anfeindungen des Vorjahrs.

1664

19. Januar: Geburt des ersten Sohnes. Der König setzt Molière eine Pension von jährlich 1000 Livres aus und wird Taufpate des Kindes, das aber bereits im November stirbt. Bekanntschaft u. a. mit Jean Racine, Henri de La Fontaine und Nicolas Boileau-Despréaux. 12. Mai: Im Rahmen eines von Molière organisierten mehrtägigen Hoffestes wird *Le Tartuffe ou L'imposteur* (*Tartuffe oder Der Heuchler*) uraufgeführt. Die Verskomödie über einen scheinbar frommen, in Wirklichkeit aber herrschsüchtigen und raffgierigen Lüstling stößt bei Teilen des Hofs und klerikalen Kreisen auf erbitterte Ablehnung, der König selbst gerät unter Druck und sieht sich veranlasst, das Stück zu verbieten. Eine briefliche Bitte Molières an den König um Freigabe des *Tartuffe* wird abschlägig beschieden.

1665

Molière kämpft gegen die frommen Kreise für die Zulassung des *Tartuffe*. Im Sommer erhöht der König die jährliche Pension auf 6000 Livres. Molières Theatertruppe darf sich »Troupe du Roi« nennen. 3. August: Geburt der Tochter Esprit-Madeleine.

Uraufführung der Prosakomödie *Dom Juan ou Le festin de Pierre* (*Don Juan oder der steinerne Gast*) und der Ballettkomödie *L'amour médecin* (*Die Liebe als Arzt*).

1666

Molière erkrankt schwer. Im März erscheinen Molières Werke in zwei Bänden. Uraufführung der Prosakomödie *Le médecin malgré lui* (*Arzt wider Willen*).

1667

5. August: Öffentliche Aufführung einer neuen, entschärften Fassung des *Tartuffe* unter dem Titel *Panulphe ou L'impositeur* mit angeblicher Genehmigung des Königs. 6. August: Verbot der Aufführung. Auf eine Bittschrift Molières antwortet der König, der sich bei seiner Armee in Flandern aufhält, aus-

weichend. 11. August: Der Bischof von Paris verbietet die öffentliche und private Aufführung oder Lesung des Stücks unter der Androhung der Exkommunikation. Molière ist wieder krank.

1668
Uraufführung der Komödien *Amphitryon* und *Le misanthrope* (*Der Menschenfeind*) sowie der Ballettkomödie *George Dandin ou Le mari confondu* (*George Dandin oder Der zum Schweigen gebrachte Gatte*) mit der Musik des Hofkomponisten Jean-Baptiste Lully. *L'avare* (Der Geizige), uraufgeführt am 9. September im Palais Royal, wird Molières bekannteste Komödie.

1669
9. Februar: Genehmigte Aufführung der endgültigen Fassung des *Tartuffe*. Im selben Jahr erscheinen zwei Auflagen der Komödie im Druck; sie wird zum meistgespielten Stück der französischen Klassik. 25. Februar: Tod von Molières Vater. Im Oktober Uraufführung der Balletkomödie *Monsieur de Pourceaugnac* (*Herr von Pourceaugnac*), Musik von Lully.

1670
Uraufführung der Ballettkomödien *Les amants magnifiques* (*Die großartigen Liebhaber*) und *Le bourgeois gentilhomme* (*Der Bürger als Edelmann*), die Musik stammt jeweils wiederum von Lully.

1671
Uraufführung von *Psyché* (einer Gemeinschaftsproduktion mit Pierre Corneille, Philippe Quinault und Lully) und von *Les Fourberies de Scapin* (*Scapins Schelmenstreiche*).

1672
Erkrankung und (am 17. Februar) Tod von Madelaine Béjart. Die Verskomödie *Les femmes savantes* (*Die gelehrten Frauen*)

wird im März uraufgeführt. 17. September: Geburt eines zweiten Sohnes, der schon am 10. Oktober stirbt.

1673
17. Februar: Molière, der wie immer die Hauptrolle selbst spielt, erleidet in Paris während der vierten Aufführung seiner Ballettkomödie *Le malade imaginaire* (*Der eingebildete Kranke*) – Uraufführung: 10. Februar, Musik: Marc Antoine Charpentier –, einen Zusammenbruch und stirbt noch im Theater. Seine Frau Armande erstreitet gegen den Widerstand der Kirche über die Intervention des Königs ein christliches Begräbnis, das am 21. Februar stattfindet.

Aus Kindlers Literatur Lexikon: Molière, ›Der eingebildete Kranke‹

Titelfigur dieser 1673 erschienenen Ballettkomödie in drei Akten, die im Palais Royal mit Musik von Marc Antoine Charpentier uraufgeführt wurde, ist Argan, der von zwei Scharlatanen – Purgon, seinem Arzt, und Fleurant, seinem Apotheker – ausgebeutet wird. Umgeben von zahllosen Arzneifläschchen, bietet der von tausend eingebildeten Leiden Geplagte das Bild eines ebenso bedauernswerten wie unerträglichen Menschen. Denn in dem Maße, wie seine Krankheiten echter Angst um das eigene Wohl entspringen, verhindern sie das echte Leben, stören den Familienfrieden und die menschliche Ordnung überhaupt. Während Béline, Argans zweite Frau, ihre besten Jahre damit vertut, scheinheilig schmeichelnd auf den Tod ihres Mannes zu warten, möchte dieser aus allzu durchsichtigen Gründen seine Tochter Angélique zwingen, einen Arzt zu heiraten. Der Herzenswunsch des Mädchens, einen jungen Mann namens Cléante zu ehelichen, kümmert ihn wenig. Zwar vermag sich Cléante in der Rolle eines Musiklehrers in das Haus Argans einzuschleichen, dort aber muss er ohnmächtig zusehen, wie der vom Vater auserkorene Schwiegersohn, der pedantische Thomas Diafoirus, der entsetzten Angélique seine medizinische Dissertation, ein autoritätsgläubiges Traktat im Sinne des Aristoteles, als Hochzeitsgeschenk zu Füßen legt. Die beiden Verliebten können sich zwar in einem improvisierten Wechselgesang ihre Gefühle gestehen, aber für ihr gemeinsames Ziel ist damit wenig gewonnen.

Ins rechte Lot kommt die für das liebende Paar aussichtslos scheinende Sache erst durch das Dienstmädchen Toinette und Argans Bruder Béralde. Er versucht, Argan von der Ignoranz der Ärzte zu überzeugen, da diese die Natur beim Heilungsprozess doch nicht unterstützen könnten. Toinette wiederum unternimmt es, die Übel durch Verkleidung und drastische Verstellung zu heilen. Als sie in der Maske eines Doktors dem eingebildeten Kranken einen Arm amputieren und ein Auge ausstechen will, wird Argan zurückhaltend. Es fällt ihm wie Schuppen von den Augen, als er sich auf Toinettes Veranlassung zunächst vor Béline, sodann vor seiner Tochter Angélique totstellt. Béline macht aus ihrer Freude kein Hehl, während Angélique ihren Vater aufrichtig beweint. Er ist gerührt und gibt den Liebenden seinen Segen, will aber dennoch eines Arztes, der ihm allzeit zur Verfügung steht, nicht entbehren. Die einfachste Lösung scheint zu sein, selbst Arzt zu werden. So organisiert Béralde die medizinische Promotion seines Bruder, die sich als reine Farce erweist: Ohne eigentliche Vorbildung braucht Argan beim Examen lediglich vorgefertigte Antworten abzulesen, wodurch sich der akademische Ritus als hohler Formalismus erweist.

Mit dem Vater-Tochter-Konflikt, der in der nahenden Heirat der Tochter angelegt ist, steht ein traditionelles Handlungsmuster im Vordergrund dieser Charakterkomödie. Zugleich jedoch wird die Thematik von Medizin und Ärzteschaft, von Krankheit und Tod, die sowohl generell in der Komödiengeschichte wie auch speziell in Molières Komödien breiten Raum einnimmt, auf mehreren Ebenen entfaltet. Molière karikiert in den Figuren des Diafoirus und des Béralde verschiedene Positionen der zeitgenössischen medizinischen Diskussion: den Gegensatz zwischen dem Formalismus der akademischem Medizin und dem empirischen Umgang mit den Selbstheilungskräften der Natur. Mit der Figur des Argan und zumal mit der Szene seiner Promotion stellt Molière die Medizingläubigkeit und Autoritätshörigkeit seiner Zeit parodistisch an den Pranger, so wie er es auch in früheren Stücken, z.B. im *Médecin malgré lui*, 1666 *(Arzt wider Willen)*, schon getan hatte.

Diese an sich ernsten Hintergründe sind indes in der überschäumenden Heiterkeit der Ballettkomödie aufgehoben, welche die Beschäftigung mit Krankheit und Tod spielerisch mit der Liebesthematik des Stücks verbindet. Zahlreiche Elemente der Farce sind in das Lustspiel eingegangen. In der die Komödie beschließenden Ballettszene wird die Verbindung von Komödienhandlung und satirischem Zeitbezug in aller Schärfe deutlich. Wie in anderen großen Charakterkomödien Molières liegt hinter der vordergründigen Handlung und hinter den aktuellen Zeitbezügen die barocke Problematik der Erkenntnis von Sein und Schein: Argan ist mit Blindheit geschlagen, denn er durchschaut weder den Scheincharakter seiner Krankheit noch die heuchlerische Liebe Bélines. Seine Heilung erfolgt bezeichnenderweise im Medium des Scheins, durch die Travestie Toinettes und die doppelte Fiktion des Todes. Mit der Möglichkeit des fingierten Sterbens wird Argan bereits in jener berühmten Szene konfrontiert, in der seine achtjährige Tochter Louison sich tot stellt. Der Vater geht auf das kindliche Spiel ein, aber er sieht zugleich, dass dieses Spiel eine zweckdienliche Finte sein kann, und willigt deshalb später sofort ein, sich seinerseits tot zu stellen. Molière, der nach der vierten Aufführung des *Malade imaginaire* an den Folgen eines Blutsturzes starb, hat in seiner letzten Komödie Krankheit und Tod spielerisch ihre existenzielle Bedrohlichkeit genommen. Bis heute spricht dieses Stück von allen Komödien Molières das breiteste internationale Publikum an.

Helmut Steinkogler/Gottfried Schwarz

Aus: Kindlers Literatur Lexikon. 3., völlig neu bearbeitete Auflage. Herausgegeben von Heinz Ludwig Arnold (ISBN 978-3-476-04000-8). – © der deutschsprachigen Originalausgabe 2009 J. B. Metzler'sche Verlagsbuchhandlung und Carl Ernst Poeschel Verlag, Stuttgart (in Lizenz der Kindler Verlag GmbH).

Aus Kindlers Literatur Lexikon:
Molière, ›Der Geizige‹

Hauptquelle für die 1668 uraufgeführte, aber erst 1682 im Druck erschienene Prosakomödie in fünf Akten war die unvollständig überlieferte Komödie *Aulularia* des Plautus. Als Anregung dienten ferner Ariostos *I suppositi* (1509), Boisroberts *La belle plaideuse* (1654), und Lariveys *Les esprits* (1579).

Molière zeigt die bösen Folgen des Geizes am Beispiel des Monsieur Harpagon, bei dem der Geiz alle natürlichen Empfindungen und Reaktionen ausgelöscht zu haben scheint. Der Inhalt seiner Geldkassette bedeutet ihm mehr als das Glück seiner Kinder. So verspricht er seine Tochter Élise dem alten Anselme zur Frau, nur weil dieser bereit ist, auf die Mitgift zu verzichten, und sein Sohn Cléante soll aus ähnlichen finanziellen Gründen »eine gewisse Witwe« ehelichen. Auch sonst ist Harpagon zu allerlei unsauberen Geschäften bereit, sofern sie nur seinen Beutel füllen. Überdies hat Molière seinem Protagonisten neben diesen hassenswerten Zügen auch eine Reihe von lächerlichen Gewohnheiten mitgegeben: so seine unaufhörliche, krankhaftpanische Angst, bestohlen zu werden, seine höchst umständlichen, ausgeklügelten Sparmaßnahmen und schließlich seine naive Greisenverliebtheit in Mariane, die er zu heiraten gedenkt. Dem alten Geizhals stehen zwei junge Paare gegenüber: Cléante und Mariane, die die Liebe des Jungen dem Geld des Alten vorzieht, sowie Élise und Valère, der Harpagons Hofmeister geworden ist, um in der Nähe seiner heimlichen Verlobten leben zu können. Im Gegensatz zu Harpagons kalter Habgier werden die jungen Leute nur von ihrer wechselseitig beteuerten Liebe geleitet. Sie allein veranlasst Cléante, sich gegen den Vater aufzulehnen, Élise, sich der aufgezwungenen Ehe zu widersetzen, und Valère, die für einen Adligen wenig schmeichelhafte Rolle des Dienstboten und Prügelknaben auf sich zu nehmen.

Das Dienervolk ist mit im Bunde, um den Geizkragen hinters

Licht zu führen: La Flèche stiehlt Harpagons geliebte Geldkassette, um ihn unter Druck zu setzen, während fälschlicherweise Valère von dem Advokaten Jacques dieses Diebstahls bezichtigt wird. Auf dem Höhepunkt der Verwicklungen führt das Auftreten des alten Anselme zu einer phantastischen Lösung des Konfliktes. Es stellt sich heraus, dass Anselme der Vater Valères und Marianes ist, die nun nicht mehr arme Waisenkinder, sondern dank der Freigebigkeit ihres Vaters in der Lage sind, auch ohne finanzielle Unterstützung von Seiten des Schwiegervaters zu heiraten. Harpagon bekommt seine Geldkassette zurück und gibt sich damit zufrieden.

Obwohl der *Avare* neben dem *Tartuffe* zu Molières meistgespielten Stücken gehört, rief er beim zeitgenössischen Publikum zunächst kaum Begeisterung hervor. Zum einen mag dies an der für damalige Verhältnisse ungewohnten Prosaform des Stücks liegen, zum anderen wohl auch daran, dass es in den Augen der Kritiker die Regeln der klassischen Einheiten nicht erfüllte. Vor allem jedoch hatte das Publikum Schwierigkeiten mit der Komik des *Avare*. Noch Diderot warf Molières Figuren vor, sie seien überzeichnet, und forderte im Schauspiel alltäglichere Charaktere, welche die ernst zu nehmende Seite der menschlichen Natur zeigen sollten. Rousseau wiederum bemängelte das respektlose Verhalten Cléantes gegenüber seinem Vater und urteilte, dass das Publikum zum Lachen über etwas angehalten werde, worüber es sich zu entrüsten habe. Goethe hingegen hob das Tragische hervor, das sich für ihn gerade im Konflikt zwischen Vater und Sohn manifestierte.

Ingrid Peter/Gottfried Schwarz

Aus: Kindlers Literatur Lexikon. 3., völlig neu bearbeitete Auflage. Herausgegeben von Heinz Ludwig Arnold (ISBN 978-3-476-04000-8). – © der deutschsprachigen Originalausgabe 2009 J. B. Metzler'sche Verlagsbuchhandlung und Carl Ernst Poeschel Verlag, Stuttgart (in Lizenz der Kindler Verlag GmbH).

Michel de Montaigne
Von der Freundschaft und andere Essais
Band 90029

»Wenn ich mit meiner Katze spiele, wer weiß, ob sie sich nicht noch mehr die Zeit mit mir vertreibt, als ich mit ihr?« – Unscheinbare, skeptische Fragen sind es, die Michel de Montaigne zu einem Vorbild des 21. Jahrhunderts machen. Vor 475 Jahren in eine Zeit der Glaubenskämpfe hineingeboren, hat Montaigne stets neugierig und kritisch auf sich selbst und seine Umwelt geschaut. Wo andere den Überblick zu haben glaubten, sah er vor allem die Beschränktheit eigener Perspektiven. Wo andere im Namen ewiger Wahrheiten Kriege führen, steht er für Toleranz und radikale Subjektivität.

Das gesamte Programm von Fischer Klassik finden Sie unter:
www.fischer-klassik.de

Fischer Taschenbuch Verlag

Mein Klassiker
Autoren erzählen vom Lesen
Band 90001

Wozu lesen wir eigentlich Klassiker? Was hassen wir an ihnen? Warum begeistern sie uns? Und was macht sie manchmal zu so treuen Begleitern des eigenen Lebens? Zeitgenössische Autoren erzählen von ihren ganz persönlichen Erfahrungen mit den Klassikern der Weltliteratur.

Mit Texten von Zsuzsa Bánk, Klaus Böldl, Alain de Botton, Silvia Bovenschen, Thomas Brussig, Günter de Bruyn, Nadja Einzmann, Dieter Forte, Julia Franck, Robert Gernhardt, Christina Griebel, Lukas Hammerstein, Josef Haslinger, Gregor Hens, Wolfgang Hilbig, Felicitas Hoppe, Ricarda Junge, Bernhard Keller, Dieter Kühn, Reiner Kunze, Michael Lentz, Alberto Manguel, Rainer Merkel, Dirk von Petersdorff, Richard Powers, Kathrin Röggla, Gerhard Roth, Sabine Schiffner, Arnold Stadler, Peter Stamm, Anke Stelling, Marlene Streeruwitz, Birgit Vanderbeke, Stephan Wackwitz, Maike Wetzel, Roger Willemsen.

Das gesamte Programm von Fischer Klassik finden Sie unter:
www.fischer-klassik.de

Fischer Taschenbuch Verlag

Mein Klassiker
Autoren erzählen vom Lesen
Band 90001

Wozu lesen wir eigentlich Klassiker? Was hassen wir an ihnen? Warum begeistern sie uns? Und was macht sie manchmal zu so treuen Begleitern des eigenen Lebens? Zeitgenössische Autoren erzählen von ihren ganz persönlichen Erfahrungen mit den Klassikern der Weltliteratur.

Mit Texten von Zsuzsa Bánk, Klaus Böldl, Alain de Botton, Silvia Bovenschen, Thomas Brussig, Günter de Bruyn, Nadja Einzmann, Dieter Forte, Julia Franck, Robert Gernhardt, Christina Griebel, Lukas Hammerstein, Josef Haslinger, Gregor Hens, Wolfgang Hilbig, Felicitas Hoppe, Ricarda Junge, Bernhard Keller, Dieter Kühn, Reiner Kunze, Michael Lentz, Alberto Manguel, Rainer Merkel, Dirk von Petersdorff, Richard Powers, Kathrin Röggla, Gerhard Roth, Sabine Schiffner, Arnold Stadler, Peter Stamm, Anke Stelling, Marlene Streeruwitz, Birgit Vanderbeke, Stephan Wackwitz, Maike Wetzel, Roger Willemsen.

Das gesamte Programm von Fischer Klassik finden Sie unter:
www.fischer-klassik.de

Fischer Taschenbuch Verlag